元銀行員と借換え専門のコンサルタントが書いた

住宅ローン借換えの教科書

平山健介　八木真琴

一般社団法人住宅ローン借換えマスター協会　監修

プラチナ出版

はじめに

　2016年、日本の金融史を大きく変える政策が導入されました。2016年2月に起きた日本銀行による「**マイナス金利政策**」の導入、そして2016年9月には、経済学の教科書では不可能とされてきた「長期金利を日本銀行が操作する「**イールドカーブコントロール**」の導入です。この2つの政策導入により日本の金融市場は新たなステージに突入しました。そして国民の生活に直結する住宅ローンにとっても新たなステージが始まりました。

　住宅ローンは多くの金融商品の中でも最も消費者にとって身近です。保険や株式よりも身近といっても異論はないかと思います。しかし身近ではありますが、商品性や仕組み等は複雑で「**情報の偏在**」という大きな問題点を抱えています。

　住宅ローンにおける「情報の偏在」とは、日々住宅ローンを供給する銀行等の金融機関や住宅販売業者と、一生に一度の住宅購入というケースが多い消費者との間における情報量の格差のことを指します。供給サイドの銀行等の金融機関と消費者である国民との間にあるこの"情報の偏在"は顕著であり、近年ますます複雑化する商品性と変化する経済金融情勢のなかでこの情報の偏在はさらに広がっているといっても過言ではありません。本来、住宅ローンは国策でもある住宅政策に連動し、豊かさの象徴であり、国民生活の基盤でもあります。住宅ローンの借換えが常識になれば家計はもっと潤うはずですし、防衛にもなります。しかしこの情報の偏在により、消費者は金融機関や住宅販売業者に頼らざるを得ず、結果的に本当に自分に合った住宅ローンを公平に選択できているのかという点に疑問が残ります。

また、近年の住宅ローンを取り巻く金融事情は過去に経験したことのない局面をむかえています。バブル崩壊から始まった超低金利、リーマンショックの原因となった**サブプライムローン問題**、そして長短金利がマイナスになるという異常事態と、経済学の教科書では不可能とされた長期金利の操作＝イールドカーブコントロール、さらには日本銀行が量的緩和政策として年間6兆円のETFの購入と年間900億円のJ-REIT購入を実施しています。この混沌した金融事情のなかで、低金利を理由に住宅ローンの借換えが家計においては一つのテーマとなっています。

　現在借入中の住宅ローンが金融機関や住宅販売業者の勧めるままに契約してしまった場合、借換えを検討する価値は十分にあります。一般的に35年間付き合うものである住宅ローンについて、借りる時は金融機関や住宅販売業者からアドバイスを受ける機会は多くありますが、その後メンテナンスやフォローアップ等は基本的になく、借換えや繰上げ返済のコンサルティングを受ける機会は限られているのが現状だからです。ローン返済中は、消費者自身が情報を収集し判断し行動しなければなりません。

　現在、日本には借換えによって効果が得られる家庭が約600万世帯あるといわれています。皆さんがこの600万世帯に含まれている可能性は十分にあります。借換えによる効果は現在の条件によりますが、特に金利差が大きければ500万円〜1,000万円以上の経済的メリットを享受できることも稀ではありません。
　金融本はどうしても難しくなりがちなので、本書では読みやすさを追求し、前半は借換え実践ストーリーということで物語形式となっております。そして後半は基礎知識編ということでテキスト的な構成となっています。まずは借換え実践ストーリーを一気に読んでみてください。
　そしてぜひ、本書を読み、ご自身の住宅ローンが借換えによってどれくらい経済的メリットを受けられるのかを試算してみてください。各家

庭の家計改善が日本全体の経済発展につながるはずです。

　本書が600万世帯といわれる借換え対象世帯にとって有益な手引書となり、住宅ローンの「情報の偏在」を解決すると信じております。

　　　　　　　　　　　　一般社団法人　住宅ローン借換えマスター協会

本書の構成

本書は、学んだ内容をすぐに実践していただけるよう、以下の2つに分けた構成となっています。

実際にお客様が借換えを実施する手順をもとに、直面する問題や疑問をエピソードにして、ストーリー仕立てでわかりやすく説明しています。借換えの概要を理解することを目的としています。

各エピソードで出てくる住宅ローンの概要について、より詳しく解説しています。住宅ローンについてもきちんと学び、正しい知識を身につけることを目的としています。

登場人物

ジュウ太
37歳、サラリーマン。
2児（5歳と2歳）の父。
面倒なことは嫌いだけど、何か得になることをしたいと思っている。

クルミ
37歳、ジュウ太の妻。
出産を機に会社を辞め、現在は専業主婦。
少し頼りないジュウ太をサポートする。

ロンロン
年齢不詳のパンダ。
借換えのエキスパートで、ジュウ太とその周りの人々に借換えの効果を伝授し、様々な疑問に答える。

カリ介
ジュウ太の同級生。
銀行員。
病歴あり。少し意地悪。

カエ吉
ジュウ太の同級生。漫才師になる夢をあきらめ、実家の八百屋を継いだ。怒りっぽい。

増田
ジュウ太の同級生。増田と書いてマスタと読む。小学生の時から勉強・スポーツ万能な優等生。大手商社に勤めている。

借換えの手順

```
借換えのメリットを知る
        ↓
自分の住宅ローン確認
        ↓
借換えにトライする
        ↓
難しすぎて断念する
        ↓                    ↓
本書を読んで、借換えについて学ぶ    終了
        ↓
借換えの目的と期間を決める
        ↓
事前審査⇒本審査⇒契約
        ↓
借換え実行
```

Part 1 借換え実践ストーリー

ジュウ太、住宅ローン借換えを知る……10
ジュウ太、借換えのメリットを実感する……16
クルミ、変動金利に反対する……20
実は収入が下がっていたジュウ太焦る……28
病人カリ介現る……34
増田の借換え検証……38
ジュウ太のソーラーローン……40
クルミ、お風呂のリフォームを提案する……42
ゼロ円リフォームを最大限活用する……46
リフォーム費用捻出の方法……50
ジュウ太、諸費用について学ぶ……56
クルミ、現在のローン状況を確認する……60
ペアローン……62
自営業カエ吉の借換え……64
借換えできないケース……66
カリ介の銀行から引き留めにあう?!……68
書類をそろえる……70
住宅ローン控除はどうなるのか?……72
シミュレーションソフトを使う……74
Q&A……78

Part 2 住宅ローン全般の基礎知識

金融機関一覧表……82

フラット35の仕組み……84

フラット35の商品概要……86

保証料……90

金利……94

変動金利①……96

変動金利②……100

固定金利……102

返済方法……104

団体信用生命保険……108

ワイド団信……112

三大、七大、八大疾病保障付団信……114

リフォーム費用について……116

抵当権……122

連帯保証人(収入合算)……124

書類……128

信用情報……130

繰上げ返済……132

索引……139

DTP:タイプフェイス
イラスト:坂木浩子

Part 1

借換え
実践ストーリー

Episode 1
ジュウ太、住宅ローン借換えを知る
「借換えとは?」

会社のビルを出ると、強い風がひゅーっとジュウ太の体を吹き抜けていきました。今日は風が強いんだな。ジュウ太は大事なカバンが飛ばされないように両手で抱え、ふと空を見上げました。中堅文房具メーカーに就職して今年でちょうど15年。学生のころには勉強もスポーツも得意ではなく、さえない自分だと思っていましたが、社会人になって責任ある仕事を任されるようになり、元来の人柄の良さから社内外でも評価されて人並みに出世してきました。小学校のマドンナだったクルミと結婚し、2児の子どもをもうけて、2年前に念願のマイホームも手に入れました。これからは子どもの教育費負担が大きくなっていくので、何かいい投資や節約方法はないかなどと考えながら歩き始めた時、後ろから男性に声をかけられました。

「ジュウ太くんじゃないか。こんなところで何しているんだい?」

増田と書いて、マスダ君。小学生の時から何をやってもすぐに習得する優等生だった増田は、現在は大手商社に勤めるエリートサラリーマンです。

「増田君! 久しぶり。僕はこの近くに勤めているんだよ。増田君は?」

「僕は得意先の帰りだよ。久しぶりだなあ。結婚式以来かな。元気だったかい?」

「ああ。なんとかやっているかよ。増田君は元気?」

「うん。忙しい毎日だけど、健康には気を付けているよ」

「増田君はけっこう稼いでるんだろう？ いいなあ。僕なんか給料は上がらないし、クルミちゃんにはこづかい減らすって言われちゃったよ」

「あはは。ジュウ太くんは変わらないな。でもいいじゃないか。クルミちゃんみたいな可愛い奥さんがいるんだから」

「僕だって家族のために頑張って働いているんだけどさ、生活はラクにはならないよな。新聞で景気がいいとか書いてあっても、ウチの家計は何にもプラスになっていないし、もうイヤになっちゃうよな」

「そうだね。実は僕の会社も来年度の昇給はないと言われているし、これから子どもの学費や生活費も増えてきて、お金のかかる時期なんだ。だから何か得になる情報を探すことにしたんだよ」

「それで何か見つかったのかい？」

「うん。まずは住宅ローンを見直してみた結果、借換えをすることにしたよ」

「借換えって何だい？」

「借換えというのは、今の住宅ローン残高分を新たに借入れして、従来の住宅ローンを完済することで、その後は新たに借入れしたものを返済していくことなんだ。従来のものよりも金利が低ければ総返済額が減るので、月々の返済額か、支払い年数を減らすことができるんだよ」

「へえ。ウチも2年前に借りた住宅ローンがあるけど、確かに月10万円は重いんだよなー」

「そう。住宅ローンは最初に組んだまま払い続けている人が多いけど、今の日本はマイナス金利の影響もあって超低金利時代といわれていて、住宅ローンを借換えた場合に月々の返済額が減るか、支払い年数を減らせるっていう世帯が約600万世帯あるといわれているんだ」

「じゃあ、もしかしたらウチも当てはまるかな」

「可能性は高いよ」

「でもローンを組んだ時っ

Part 1 借換え実践ストーリー

て、書類揃えたりするのがすごく面倒で大変だったし、金利のこともよくわからないから、不動産屋と銀行の人にほとんどやってもらっちゃったんだよ。借換えっていうのもやっぱり面倒なの？」

「家を買う時は、ローン以外にもいろいろやることがあるし、業者に任せてしまう人は多いよね。確かに借換えも審査や書類などで大変なこともあるけど、1,000万円以上得する人もいるんだよ」

「そんなに得するの？」

「もちろん今のローンによって減らせる金額は違うけど、多くの人が得をしているよ」

「すごいなぁ。さすが増田君、ぜひ僕にもやり方教えてよ」

「うん、いいよ。ただ今日は時間がないからまた今度ね」

というわけで、ジュウ太は「借換え」という家計にとって有効な手段があることを知りました。し かし教えてくれるはずだった増田は、数日後に海外赴任の辞令が出てしまい、アメリカへ赴任してしまったのでした。

一方、ジュウ太は、増田に会った日すぐに、クルミにも借換えの話をしたので、クルミもすっかり乗り気になってしまいましたが、少し調べただけでも借換えできる金融機関はたくさんあって選べないし、誰に相談していいかも分からないし、結局何もしないまま毎日を過ごしていました。

実は世の中の多くの人は、もしかするとジュウ太のように、借換えのメリットを知っても、数多い金融機関から自分に合ったところを選ぶことや、書類審査を面倒だと考えてあきらめてしまっているのではないでしょうか？　増田のように、自分ひとりで、お得な方法を調べて、最適な借換えローンを見つけ、手続までやるという人は少ないように思います。本書を読んで借換えについて深く理解し正しい知識を身につけた皆様は、自分自身の借換えを実施することで、まず借換えの効果を実感してください。そして借換え効果のある世帯は、現在日本に約600万世

帯あるといわれています。きっと周りにも多くの借換え潜在需要者がいることでしょう。その方たちにも借換えという情報をぜひ提供してあげてください。

　増田が渡米してから1か月、借換えは面倒そうなのであきらめようと思っていたジュウ太でしたが、クルミから毎日のようにせっつかれるので、すっかり途方に暮れていました。そんなある日、ソファに座って子どもと一緒にテレビで上野公園のパンダのニュースを見ていた時です。突然テレビの画面からパンダが飛び出してきたのです！

「はじめまして。ジュウ太くん。僕はパンダのロンロンです」

　ジュウ太は驚きで声も出ませんでしたが、とっさに二人の子どもを守るために両手に抱きかかえました。台所で洗い物をしていたクルミも目をまるくしてパンダを見ています。

「驚かせてごめんなさい。ジュウ太くんとクルミちゃんが住宅ローン借換えのことで困っていると知ったので、僕にできることがあれば手伝いたいなと思って来ちゃった」

　パンダがテレビから出る！
　パンダが言葉を話す!!
　パンダが住宅ローン借換えを手伝う!!!
　ジュウ太は驚きが大きすぎて、まだ口をパクパクさせていましたが、「パパ、どうしたの？」という子どもの声で我にかえりました。どうやら大人にはパンダが見えますが、子どもには見えないようです。子どもたちは、またテレビを見始めました。ジュウ太とクルミは、ようやく声が出るようになってパンダに返事をしました。

「パンダのロンロン、住宅ローンの借換えを手伝ってくれるのですか？」

「はい。実は僕、僕に会いに来てくれる動物園のお客様の持っている知識を吸収できる能力があるんです。だからその能力を活かして、困っている人に知識を提供してあげることにしているんだ。これから17のエピソードに分けて、借換

えの方法やポイントを教えるから、ジュウ太君とクルミちゃんもきっと借換えできるよ」

「ありがとう、ロンロン」

ジュウ太とクルミは、不思議に思いながらも、借換えを手伝ってくれるというパンダを信用して相談してみることにしました。

「ロンロン、まずはよく耳にするフラット35って何か教えてくれるかな？」

「フラット35というのは、半官半民の住宅ローンで、住宅金融支援機構（旧住宅金融公庫）の商品なんだ。民間金融機関が住宅金融支援機構へのローン債権売却を前提として提供することになっているもので、窓口は提携の民間金融機関が行っているので、ほとんどの金融機関で申込むことができるよ。銀行ローンで一般的に必要とされる保証料や繰り上げ返済手数料が無料となっていることや、職業にかかわらず、基本的には前年度の年収で融資の可否を検討してもらえるので、審査の敷居が低いのが特長なんだ。ただし利用しやすい反面、金利が高めで、住宅についての要件が求められるなど条件もあるので、銀行ローンなどの他の種類と比較して自分に合った商品を見つけることが重要だよ。借換えができる金融機関と特長をまとめた表（Part 2）を参考にして、自分に合ったところを見つけてみよう」

MEMO

Part 1 借換え実践ストーリー

Episode 2
ジュウ太、借換えのメリットを実感する
「借換え実践編」

早速ジュウ太は、現在の住宅ローンを確認して下記の表のとおりにまとめました。

2年前に組んだジュウ太の住宅ローン

融資金額	3,000万円（残2,880万円）
金利	2％
金利タイプ	10年固定
返済年数	35年（残り33年）
返済方法	元利均等返済
月返済額	99,378円
今後の利払い	10,562,892円

　次にロンロンから教えてもらった借換えローンの種類について勉強し、A銀行で0.775％の金利で借換えをする場合についてシミュレーションソフトを使って計算してみることにしました。借換えにあたっては月々の返済額を減らす方法（②-1）と、支払い年数を減らす方法（②-2）の2つがあるので、それぞれの条件をもとに計算すると、次のようになりました。

②-1 期間を変えずに、月々の返済を減額する方法

融資金額	2,880万円
諸費用	86万円
金利	0.775%
返済年数	33年（現ローンと同期間）

　借換えにかかる諸費用には、保証料とその他の費用があります。くわしくはエピソード9に後述しますが、保証料については一時払いの「外枠方式」と、金利に上乗せして払う「内枠方式」があり、ここでは、保証料の支払い方について以下の3つに分けて、比較してみます。
（1）諸費用（保証料込み）を自己資金で一時払い（外枠方式）
（2）借換えローンに諸費用（保証料込み）を全額組み込む（外枠方式）
（3）保証料の代わりに金利0.2％上乗せ、その他の諸費用は一時払い
　　（内枠方式）

	現ローン借入残高	金利	月返済額	今後の利払い
現ローンを継続	2,880万円	2％	99,378円	10,562,892円

	自己資金 (諸費用)	借換えローン融資額	金利	月返済額	今後の利払い
(1)	86万円	2,880万円	0.775％	82,446円	3,849,010円
(2)	0円	2,970万円 (2,880万＋諸費用)	0.775％	85,023円	3,969,265円
(3)	28万円	2,880万円	0.975％	85,082円	4,893,075円

※ローン融資額は10万円単位

　保証料を含めた諸費用をローンに組み込むか否かで、金利や月々の返済額が上記の表のように変わります。手持ち資金で諸費用を一括支払いする（1）が一番お得ですが、諸費用をローンに組み込む（2）でも月々の返済額を、今の毎月返済額から約1.5万円も減らすことができるので、

年間で18万円、33年間で約594万円の節約ができます。また今後支払っていく利払いについても、今の金利（2％）のままでは約1,050万円なのに比べて、借換えをした場合には約550万〜660万円も減らすことができます。

②−2　月返済額をほぼ同額にして、期間を短縮する方法

融資金額	2,880万円
諸費用	79万円
金利	0.775％
月返済額	99,406円

　②−1で説明した諸費用のうちの保証料は返済年数によって変動しますので、期間を短縮する場合には、諸費用の金額が少なくなります。ここでも②−1と同じ下記3つのパターンで試算してみます。
（4）諸費用（保証料込み）を自己資金で一時払い（外枠方式）
（5）借換えローンに諸費用（保証料込み）を全額組み込む（外枠方式）
（6）保証料の代わりに金利0.2％上乗せ、その他の諸費用は一時払い（内枠方式）

	現ローン借入残高	金利	残年数	今後の利払い	毎月返済額
現ローンを継続	2,880万円	2％	33年	10,565,825円	99,406円

	自己資金（諸費用）	借換えローン融資額	金利	月返済額	今後の利払い	毎月返済額
(1)	79万円	2,880万円	0.775％	26年	3,008,436円	101,949円
(2)	0円	2,960万円（2,880万＋諸費用）	0.775％	27年	3,214,551円	101,278円
(3)	28万円	2,880万円	0.975％	28年	4,120,979円	101,137円

※ローン融資額は10万円単位

　本来は残り33年で支払っていく予定だったローンが26年〜28年に短

縮されるので、その分の利息支払いが減ります。このように期間を短縮することで、今のローンと同じ約10万円を毎月支払い続けたとしても、年間120万円の支払いが5年減れば約600万円、7年減れば840万円も節約できることになります。

「ところで、ロンロン。よく【繰上げ返済】がお得だって聞くけど、繰上げ返済と借換えってどっちがいいの？」

「いいところに気が付いたね、ジュウ太くん。ここまで見た2つのパターン（月返済減額、支払い年数短縮）では、どちらも500万円以上も得するってことがわかったよね？　つまり今、一括支払いで500万円の繰上げ返済をしなくても、借換えで同じくらいの効果が得られるってことなんだ。それならせっかく貯金した500万円を住宅ローン繰上げ返済に充てる代わりに、車を買うとか旅行代に使って、それでも月返済額が減るっていう方がお得感がある気がしない？」

「うわー、そうだね。ちょうど車も買い替え時だから、思い切ってあこがれのSUVでも買っちゃおうかな！」

　ジュウ太とクルミは、上記6つのパターンを検討した結果、（2）の期間を変えずに、月々の返済を減額する方法で、諸費用をすべてローン融資額に組み込んで借換えをすることに決めました。ジュウ太は現在37歳で、返済期間が33年なので70歳までローンを払い続けることになりますが、子ども二人（5歳と2歳）にお金がかかる間は、少しでも月々の支出を抑えようということになったのでした。

Episode 3
クルミ、変動金利に反対する
「金利」

「ジュウ太さん、今回の借換えってよく見たら変動金利で計算しているじゃない。最初にローンを組んだ時に、変動は心配だから固定にしましょうって話し合ったのに」

「だけど、変動金利の方が低いからお得じゃないか」

「変動金利にして、もしも将来金利が上がって支払えなくなったらどうするの？固定金利だったら支払額も一定なんだから、私は固定のほうが安心でいいわ。固定金利で借換えしてちょうだい」

おやおや、いつになくクルミも強気で、ジュウ太が劣勢です。このままだと夫婦喧嘩がエスカレートしそうなので、ロンロンに登場してもらいましょう。

「ジュウ太くん。クルミちゃん、金利のことで不安があるみたいだね」

「そうなの、ロンロン。ジュウ太さんは単純に金利が低いから変動が良いって言うのだけど、将来上がるかもしれないでしょう。ニュースでも金利が上がったとか下がったとかよく聞くし、変動は不安よね。私はずっと固定がいいわ」

「ふむふむ。では金利の仕組みを理解して、それからもう一度、変動と固定のどちらにするか考えてみようよ」

「そうしようよ、クルミちゃん」

「そうねぇ。確かに金利の仕組みなんて知らないから、ロンロンが教えてくれるなら、聞いてみるわ」

「そうこなくちゃ。ではまず従来の固定概念『固定金利はずっと同じ、変動金利は上がるかもしれない』という考えを捨てて、『固定金利と変動金利は仕組みが違う』ということから始めよう」

「え?? どういうこと？」

「うん。固定金利と変動金利では、それぞれ違う指標を使って金利を決めているということなんだ」

「変動金利は、日銀（日本銀行）が政策決定会合で決める政策金利【無担保コール翌日物レート】に連動し、固定金利は新発10年国債の需要によって決まる国債利回りにそれぞれ連動しているんだ。だから単に『金利が上がった』といっても、どの金利のことを言っているのかまできちんと知らないと、間違った理解をしてしまうことになる。新聞やテレビでは、新発10年国債利回りの『長期金利が上がる』と、住宅ローンの金利も上がってしまうと報道されることがよくあるけれど、実は、政策金利に連動している変動金利の方には影響ないんだよ」

「えー、そうなの。金利に種類があるなんて知らなかったな」

	指標金利	指標金利の決定プロセス
変動金利	・政策金利 （無担保コール翌日物レート）	日銀が政策決定会合で決定する政策金利に連動する
固定金利	・新発10年国債利回り	日本国債を「マーケット」が需要と供給という市場原理によって決定する ※2017年時点では日銀が決めている。 （イールドカーブコントロール）

1.375

全国的にはメガバンク、地方では有力地銀のレートを基準としており、現在、ほとんどの金融機関が1.375を適用している。

※1.375以上もあり

無担保コール翌日物レート "0〜"

日本銀行（日銀）の政策金利であり、物価を安定させるために、日銀が調整している。銀行は政策金利を踏まえ、半年毎に見直しする。この部分が変動する。 ※2017年現在は0.1

短期プライムレート

「短プラ」とも呼ばれ、、各銀行が決める金利。金融機関が優良企業向けに短期（1年以内の期間）で貸出す時に適用する最優遇貸出金利（プライムレート）

+ 1 スプレッド

「次に変動金利の仕組みを話そう。変動金利は下記のように構成されている。

つまり変動金利の中で変動するのは、"0〜"の部分だけで、1.375と、スプレッドの1は契約時から完済まで変わらないんだ。詳しくはPart2の基礎知識『変動金利①』の項目でも説明しているので、参照してね」

「でも【無担保コール翌日物レート】だって、上がることもあるんでしょう？」

とクルミはまだ不安そうです。

「では、どういう場合に日銀が政策金利を上げたり、下げたりするのか考えてみよう。日本銀行は、日本銀行法第一章第二条に『通貨及び金融の調節を行うに当たっては、物価の安定を図ることを通じて国民経済の健全な発展に資することをもって、その理念とする』と掲げているとおり、いろいろな政策で、物価の安定を図っている。そしてその最たる政策が金利政策なんだ。

まず金利と物価の関係をみてみよう。たとえばジュウ太くんが、最新の100万円のテレビが欲しいけど現金がないのでお金を借りることにする。

金利が安い時には、消費は拡大し、物が売れるので、物価は上がっていく。逆に金利が高くなると、みんなが消費を控えてしまい、物が売れなくなって、物価は下がっていくんだ。

 100万円を借りて、テレビを買う

↓

物が売れる

↓

物価は上がる

  お金は借りない、テレビもあきらめる

↓

物が売れない

↓

物価は下がる

「今度はここに、ジュースが3本あるとしよう。

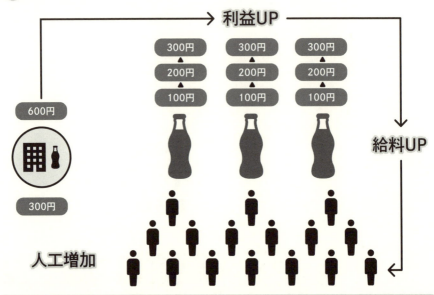

ジュースを欲しい人が3人。
1本100円×3人で売上は300円
●原価：100円　●利益：200円

⬇ 人口増加

ジュースを欲しい人は6人に増加。でもジュースは3本なので、
1本200円に値上げ×3人で売上は600円
原価100円　利益：500円

⬇ 利益UP

設備投資して、もっと生産する

人材確保のために、給与が上がる

ジュースが大量生産され、ジュースを買う人もさらに増えて、
物価上昇

利益UP ▶ 設備投資 ▶ 雇用拡大 ▶ 所得増 ▶ 物価上昇

「戦後の日本は上記の連鎖の通り、人口がどんどん増えて所得も物価も上がり、高度経済成長を遂げた。そうなると日銀は上がり過ぎた物価を下げるため、金利を上げる必要があったんだ。しかしこれからの日本はどうだろう。人口は減っていくと予測されているよね。つまり、人口が減り、所得、物価も下がっていくので、日銀は物価を上げて安定させるために、金利を下げる必要があるということだ。

ここで Part 2 基礎知識の「変動金利①」にある「金利、所得、物価の推移表も参照してほしい。1970年代からバブル期にかけて、所得と物価は約5倍に上がっている。だからこの時期には、物価を下げるために金利を上げていたんだ。金利、所得、物価は相関性があり、どれか一つだけが上がるということはありえないのだから、将来のことを考える時にも金利上昇だけに怯える必要はないんだよ。もしも今後の日本で人口が増え続けて、高度経済成長期と同じ状況になって所得と物価が上がるとしても、30万円の給与が150万円になるなら、金利が8％になっても返済できるよね」

「でも、最初にローンを組んだ時の銀行員は、固定は変わらないけど、変動金利は今後上がる可能性がありますって言っていたよ」

と、ジュウ太が思い出して言いました。

「その時には、銀行員に次の2つの質問をしてみてごらん。

1. 普通預金の金利って今後上がると思いますか？
2. 住宅ローンの変動金利は上がると思いますか？

たぶん、1の質問には『上がらないと思います。』2の質問には『上がるかもしれません。』と答える人が多いだろう。しかしこれはおかしな話なんだよ。だって預金の金利も住宅ローンの変動金利もどちらも日銀の政策金利に連動しているんだから、片方だけが上がるということは基本的にないんだ」

「そうなのね。つまり変動金利といっても変動するの

は、『無担保コール翌日物レート』の部分だけだし、金利が上がる時には所得も上がるはずだから、今のお給料のままで、金利だけ倍以上になるなんてことはないのね」

心配性なクルミもようやく納得してきたようです。
それからロンロンが言いました。

「補足すると、変動金利には125％ルールというのがあるから、金利が急激に上昇したとしても返済額の125％以上には上がらないことになっているんだよ。変動金利は、金融機関が半年に1回見直すのだけど、実際の返済額は5年に一度の見直しとしているのが一般的で、5年間は返済額が変わらないことになっている。さらに5年後に変更される返済額も急激に上昇することがないよう、従前の125％を超えないと決まっているんだ。つまり月10万円返済している人は、もしも金利が上がっても5年間は10万円返済のままで、5年後からも12万5千円を超えることはないんだ」

「急に来月から20万円返済になります、なんてことはないんだね。それならクルミちゃんも安心だよね？」

「そうね。でも金利が上がっても返済は10万円のままで、5年後も12万5千円までしか上がらないってことは、支払い期間が延びるのかしら？」

「さすがクルミちゃん。よく気がついたね。金利が上がるけど返済額が変わらないということは、月々の返済のうち、利息の占める割合が多くなってしまうということなんだ。これを未払い利息という。金融機関がおまけしてくれるわけではないから、この未払い利息はいずれ分割や、一括などで支払わなくてはいけないんだよ」

「月々の返済は変わらないけど、やっぱり金利が上昇したら総返済額は増えてしまうってことだね」

「そういうこと。でも実は過去に125％ルールや未払い利息が発生したことはないってことも付け加えておくよ」

MEMO

Episode 4
実は収入が下がっていたジュウ太焦る「審査金利」

　今日は給料日でしかもボーナス月。ご機嫌なジュウ太は鼻歌を歌いながら帰宅して、クルミに給与明細を渡しました。ちょっと豪華な夕食のすき焼きを食べた後、お風呂に入って出てくると、クルミが怖い顔をして、ジュウ太を睨んでいます。

「なんだよ、クルミちゃん。そんな怖い顔してどうしたの？」

「今年のボーナスの金額が、去年よりもだいぶ少ないわ。どういうことなの？」

「ええ？　そうなの？　間違いじゃなくて？」

「私も変だと思って、去年の明細も確認したもの。間違いじゃないわ」

「あ、もしかして今年の部署異動で、売上の少ない部署に変わっちゃったからボーナスが減ったのかな？」

「ジュウ太さん!!!　そんなの困るわ」

と、クルミの怒り、泣き、グチ、文句がしばらく続きますので、ここは省略して……

　少し落ち着いてくると、二人は「収入が減ってしまっても借換えはできるのだろうか？」と疑問に思い始めました。そこでロンロンに聞いてみることにしました。

「ジュウ太くん、ボーナスのことはちゃんとクルミちゃんに話しておかなきゃダメじゃないか」

とロンロンは登場早々ジュウ太を注意しました。

「でも借換えの審査につい

ては、多少収入が減っても大丈夫なケースもあるから、これから説明してあげるね」

「ありがとう。ジュウ太さんだけじゃ頼りなくて心配だから、ロンロンがいてくれて本当に助かるわ」

住宅ローンの融資をするということは、支払いが滞って回収できないというリスクを伴っているので、金融機関は契約者が無理なく完済できる金額だけを貸出すようにしているんだよ。ギリギリで借りて、返せなくなったら契約者だけではなく、金融機関自身も困るからね。そこで【返済比率】と【審査金利】という2つの基準で、余裕をもって返済できるように借入限度額を決めている。この2つは金融機関によって基準が違うので、自分が借換えを検討している金融機関に電話で問い合わせて聞いてみよう。借換えする金融機関を選ぶ判断材料にもなるので、下記の計算式にあてはめて計算してみてね。

$$\frac{[年収] \times [返済比率(返済負担率)] \div 12}{100万円あたりの\underset{借入期間}{X年}と\underset{審査金利}{Y\%}の変わる値^{※}} \times 100 = [借入可能額]$$

※次ページ★返済早見表参照

返済比率（返済負担率）

　返済比率というのは、年間の税込み年収に対して支払う元利金の割合のことで、年収に比例して各銀行で設定されている。一般的には、25〜40％で設定している金融機関が多い。

　例）年収500万円の人が、毎月10万円の住宅ローン返済をする場合の、返済比率は24％となる。

税込み年収：500万円
年間返済額：120万円（月：10万円）

$$\frac{120万円}{500万円} \times 100 = 24\%$$

これを各銀行が下記のように設定しています。

返済比率の例

税込み年収	返済比率
300万円以下	25％以内
300～400万円	30％以内
400～700万円	35％以内

フラット35については、平成19年以降は下記のとおりに決まっています。

税込み年収	返済比率
400万円未満	30％
400万円以上	35％

さて次は【審査金利】について。さっきも述べたように、銀行にとってのリスクは資金が回収できなくなることだよね。だから実際にローンを組む時の実行金利ではなくて、審査に関しては【審査金利】という高めの金利を使って、借入限度額を決めている。一般的に2～2.5％という審査金利を使う銀行が多い。

ただフラット35の場合は実行金利を適用することと、少数だけど金融機関によっては審査金利ではなく、実行金利を使って審査するというところもあるので、もしも一つの金融機関で審査に落ちてしまっても、別の金融機関で借換えできる可能性はあるんだよ。

審査金利は右記（A銀行）のように返済年数と審査金利によって、100万円あたりの月々の返済額の表があるので、これを用いてジュウ太くんのケースで試算してみよう

返済早見表

	15年	20年	25年	30年	31年	32年	33年	34年	35年
1 %	5,985	4,599	3,769	3,216	3,127	3,044	2,966	2,892	2,823
1.5%	6,207	4,825	3,999	3,451	3,363	3,281	3,203	3,130	3,062
2 %	6,435	5,059	4,239	3,696	3,609	3,528	3,452	3,380	3,313
2.5%	6,668	5,299	4,486	3,951	3,866	3,786	3,711	3,641	3,575
3 %	6,906	5,546	4,742	4,216	4,132	4,054	3,981	3,913	3,849
3.5%	7,149	5,800	5,006	4,490	4,409	4,333	4,262	4,195	4,133
4 %	7,397	6,060	5,278	4,774	4,695	4,621	4,552	4,488	4,428

例1) 一般的な場合

年収500万円、返済比率35%、審査金利2.5%＆返済期間33年
（早見表より）3,711円の場合、

ジュウ太は3,929万円まで借り入れることができる。

500万円 × 35% ÷ 12 ÷ 3,711 × 100万円 = 3,929万円

例2) 返済比率が5%高い場合

年収500万円、返済比率40%、審査金利2.5%＆返済期間33年
（早見表より）3,711円の場合、

ジュウ太は4,491万円まで借り入れることができる。

500万円 × 40% ÷ 12 ÷ 3,711 × 100万円 = 4,491万円

例3) 審査金利が実行金利の場合

年収500万円、返済比率35%、審査金利（＝実行金利）1%＆返済期間33年
（早見表より）2,966円の場合、

ジュウ太は4,916万円まで借り入れることができる。

500万円 × 35% ÷ 12 ÷ 2,966 × 100万円 = 4,916万円

「これで、ジュウ太くんの年収が多少下がってしまっても、借換えできることがわかっただろう」

「ありがとう、ロンロン。助かったよ」

「でもジュウ太さん、部署が変わってボーナスが下がったことはまだ認めていないからね」

と、クルミはまだこだわっているようです。

「ボーナスが減った分も取り返せるよう、ちゃんと借換えするから、許してよ」

ジュウ太は、あらためて借換えの決心を固めたのでした。

MEMO

Episode 5
病人カリ介現る
「団体信用生命保険」

　借換えのメリットもわかったし、変動金利でクルミちゃんも納得してくれたし、大事なポイントである安定収入、健康という条件も僕は大丈夫だから、まずはカリ介くんに借換えすることを伝えなきゃいけないなと、ジュウ太はカリ介に会いに行くことにしました。実は最初の住宅ローンは小学校の同級生、カリ介が勤めている銀行で組んだものだったのです。

「よお、ジュウ太。久しぶりだな」

「カリ介くん、元気だったかい？」

「いや、実は２年前、高血糖で通院してたんだよ。経過は良好で今は普通に働いてるけど、あの時は大変だったよ」

「知らなかったよ。大変だったんだね」

「なんだか仕事も忙しかったから友だちにも連絡してなかったんだ。ところで今日は何の用だよ？」

「うん、実はね、住宅ローンの借換えをしようと思うんだ」

「借換え〜？　へえ、ジュウ太のくせに『借換え』を知ってるなんて意外だな」

「僕だって勉強したんだよ」

「そうかそうか。うらやましいよな。俺なんか高血糖になっちゃって、団信（団体信用生命保険）に入れないから、借換えもできないもんなぁ」

　その晩、カリ介は団信のことを考えながら歩いていました。

「銀行だって借主が病気で死んじゃってローン返済が滞ったら困るもんな。家には火災保険、借主には生命保険を必ずかけて、リスク回避するのも当然だよな」

すると突然、目の前にパンダが現れたので、カリ介はビックリしてひっくり返ってしまいました。

「カリ介くん。はじめまして。僕はジュウ太くんの友だちのロンロンです」

しかもパンダがしゃべり始めたので、カリ介は、驚き過ぎて声も出ません。

「昼にジュウ太くんから、友達のカリ介くんが借換えの団信のことで困っているって聞いたので、来たんだよ。驚かせてごめんね」

カリ介もパンダに襲われるわけではないとわかり、ようやく安心して話せるようになりました。

「ああ。病気しちゃったから、借換えできないって話か。今は低金利だから本当にもったいないよなぁ」

「カリ介くんは、ワイド団信というのは知っているかい?」

「聞いたことはあるけど」

「引受緩和型のワイド団信というのは、通常の団信に比べて、審査基準が緩いから、一度試してみる価値はあると思うよ」

「でも確かワイド団信は、お金かかるよな。通常の団信なら保険料が金利に組込まれているけどさ」

「そうだね。銀行によって違うけど、保険料として金利に0.2~0.3%上乗せするところが多いね」

「なんかもったいないよな。俺、保険は付き合いで他にもけっこう入ってるし」

「だったら一度、保険も見直してみたらどうだい?フラット35も2017年10月から団信付きの住宅ローンになったけれど、健康上の理由やその他の理由で団信に入れない場合にも、フラット35を利用することはできるんだよ。だからもしも今の保険に十分な保障があるなら、団信の審査に

落ちたとしてもフラット35なら仮換えとして利用できるよ。」

「そうか。その手があったな。俺も借換えを検討してみようかな」

そしてカリ介は、おそらく通常の団信には入れない自分が借換えをするためにはどうしたらいいか、下記の順序で検討してみることにしました。

1. 告知書に医師の診断書を添えて提出する
2. 加入中の生命保険保障額を確認して、借入額に対して十分な保障があれば、フラット35を利用する
3. 引受基準緩和型のワイド団信を扱っている銀行で申し込む

※1は、可能性は低いですが、病気の種類によって、審査が通ることもあります。
※2は、現在加入している生命保険保障額が、万が一お亡くなりになった時のローン残高とご遺族の生活保障の両方を十分に保障できる金額であることが必要です。

おまけ：特約付団信

　家に帰ったジュウ太は、クルミにカリ介の病気のことを話しました。するとクルミは、ジュウ太の健康も心配になってきたので、もう少しくわしく団信のことを調べてみました。

通常の団信は、契約者が死亡または、高度障害になった時に、かけていた保険で残りのローンを相殺するのね。

　他にも団信には、

・ガン※特約付き

・三大疾病特約付き
（ガン※、急性心筋梗塞、脳卒中）

・七代疾病特約付き
（上記3つ、高血圧症疾患、糖尿病、慢性腎不全、肝硬変）

※上皮内ガン除く

　など、死亡・高度障害以外に、病気で働けなくなった場合に、残りのローン返済が免除になる特約をつけることもできるんだわ。でも保障を拡大すると、その分金利が上乗せになるか、保険料が別途かかるってことなのね。

　心配はつきないけれど、保障を広げると、その分お金もかかるみたいだし、まずは今の医療保険を見直してから、検討することにしましょう。とにかくジュウ太さんには健康に気を付けて病気にならないようにしてもらわなきゃ。

Episode 6
増田の借換え検証

　ジュウ太に借換えの話しをしてすぐにアメリカ赴任が決まった増田ですが、渡米前の忙しい中でも自分の借換えについてはちゃんと検討していました。

　増田の最初のローンは、ジュウ太と同じ条件（35年、3,000万円、金利2％）でしたが、増田は投資に成功し、繰上げ返済を数回していたので、現在のローン状況は下記の表のとおりとなっています。

増田の住宅ローン

融資金額	残1,000万円
金利	2％
金利タイプ	10年固定
返済年数	残り10年
月返済額	92,013円
今後の利払い	1,041,877円

　一般的に借換えで得をする目安は、「残高1000万円以上、残期間10年以上、金利差1％以上」と言われています。金利1％での借換えができれば、増田はまさにこのケースにぴったり当てはまるので、まずは検証してみることにしました。

　ここでは、諸費用（約30万円）は借換え融資額に全額組み込み、計算することにします。

	ローン融資額	金利	月返済額	支払年数	今後の利払い
現ローン	1,000万円	2％	92,013円	残10年	1,041,877円
1.月返済額を減らす	1,030万円 (1,000＋諸費用)	1％	90,232円	残10年	527,963円
2.支払年数を減らす	1,030万円 (1,000＋諸費用)	1％	99,766円	残9年	474,845円

　まずは「1.月払い年数を減らす」について、月々の支払いは2,000円弱の減額となり、少額には見えますが、将来的に支払う利息分としては、約50万円も節約することができます。そして「2.支払年数を減らす」場合には、月々の支払は上がりますが、将来的な利息分は約56万円も節約できることになりますので、どちらの場合も借換えによるメリットは十分にあります。実際には１％未満で借換えできるケースが多くありますので、借換えによるメリットはさらに大きくなります。

　また、この条件以外（残高1,000万円未満、残期間10年未満、金利差１％未満）であっても、今後の支払を軽減できるケースはありますので、あきらめずにシミュレーションソフトを使って計算してみることが何より重要です。

　うーん、金額は少ないけど、やっぱり借換えしたほうがお得だなぁ。妻に相談してみよう。」と、増田は奥さんにも相談しました。奥さんはもちろん少しでも得するならと、借換えに賛成しました。というわけで、手続は渡米ギリギリまでかかりましたが、無事に借換えをして、家計を軽減してアメリカへと旅立ちました。というのはちょっとでき過ぎた話ですが。。。

Episode 7
ジュウ太のソーラーローン

　借換えで約毎月1.5万円も浮くことになりそうなので、クルミはワクワクして、しばらくさぼっていた家計簿をまたつけ始めることにしました。すると住宅ローン以外に、ソーラーローンがあることに気付いたのです。

「いやだわ、ジュウ太さんたら。そういえば去年、勧められて屋根に太陽光パネルを設置した時にソーラーローンを組んでいたんじゃない。それにまだ車のローンも終わっていなかったのね。ということは、ウチには住宅ローンと合わせて3つのローンがあるってことなんだわ。一緒にできるかどうか、ロンロンに聞いてみましょう。」

「ねぇ、ロンロンに聞きたいことがあるのだけど」

「ソーラーローンのことだね」

「ええ。借換えする時にローンをまとめられないかしら？」

「残念ながら、既にあるローンは借換えローンに組み込むことは基本的にはできないんだよ。だけど、ソーラーローンだけは、一部の銀行では借換えに組み込んでくれるところもあるので、確認してみるといいよ」

「そうなのね。おまとめしたいので、一応借換えする時に銀行に聞いてみるわ」

「ちなみに対応可能な銀行でも組み込めるのはソーラーローンなど住宅にまつわるローンだけで、カーローンや教育ローンはできないから気を付けてね」

「わかったわ。どうせなら全部一緒にできればいいと思ったけど、そんなにうまくはいかないのね」

MEMO

Episode 8-1
クルミ、お風呂のリフォームを提案する
「借換えと同時にリフォーム」

　最近はジュウ太に劣らず借換えに詳しくなってきたクルミは、友だちと話す時にも、その話題を出すようになっていました。するとママ友の一人がリフォーム工事費用を借換えローンに組み込んだという話をしてくれました。

「借換えの時だったら、リフォーム費用もローンに組み込むことができて、それでも月々の支払いは少なくなるって聞いたから、主人と相談して外壁をきれいにすることにしたの。外壁塗装って普通だったら100万円くらいかかるものでしょ。このやり方、お勧めよ」

「すごいわ。くわしいのね」

「いいえ。主人にまかせっきりで私はよくわからないけど、家がきれいになるのはうれしいわね。主人が言ってたけど、リフォームローンとして別で組むと、金利は平均3.5％くらいかかるらしいから、1％未満の金利で借換えに組込めたのはとてもお得なんですって」

　その夜、クルミはお風呂に入りながらリフォームについて考えてみました。

ウチはまだ外壁はそんなに汚れていないし、子どもが小さいうちはどうせ汚れちゃうから家の中の壁紙も変える必要はないけど、せっかく得するのだからこの機会に絶対何かしたいわ。何ができるのかしら？

「クルミちゃん、今度は借換えにリフォーム代金を組込むことを考えているんだね」

「ロンロン？　やだわ。お風呂にまで来ないでちょう

だい！」

「いやいや、ごめんごめん。今は声がつながっているだけだから、どこにいても関係ないんだよ」

「じゃぁお風呂を覗いてないわよね？」

「もちろん」

「それならいいわ。そうなの。リフォーム代金を借換えに組込めるって聞いたんだけど、どうなのかしら？」

「それはとってもいいアイディアだよ。リフォーム代金を乗せても借換えの効果で月々の返済額を減らせて、総利息も減るっていう世帯は多いからね。前章で話したけど、後から借換えと一緒に他ローンをまとめるのは難しいから、借換えの機会を利用して同時にリフォームするのがお勧めだよ」

「何をリフォームしようか悩んでいるんだけど、どうなのかしら？」

「住宅にまつわるものなら大丈夫だよ。たとえば、

・屋根の張替え
・外壁塗装
・電気温水器
・水道管、水回り
・内装
・後付けカーポートやウッドデッキ
・物置、雨どい
・トイレやお風呂のリフォーム、浴室乾燥機
・食洗器
・その他

などがあげられるね」

「まぁいろいろなことができるのね。家を建てた時は我慢したけど、やっぱりこのお風呂をもっと広くして、子どもたちとも一緒にもっとゆっくり入れるようにできたらいいわね。ジュウ太さんにも相談してみましょう」

　クルミは翌日早速、リフォーム業者に依頼して、理想のお風呂にリフォームした場合の費用を見積もってもらったところ、約100万円かかると言われました。そこでリフォーム代金100万円を組込んだ借換えの試算をしてみたところ、下記のようになりました。

	現ローン借入残高	金利	月返済額	今後の利払い
現ローン	2,880万円	2%	99,378円	10,565,825円
借換えローン	3,070万円 (2880万＋諸費用90万 ＋リフォーム100万)	0.775%	87,885円	4,102,970円

※上記は、借換えローンに諸費用（保証料込み）を全額組み込む外枠方式で計算しています。
※上記以外に保証料が返還される場合があります。
※リフォームローンを組み込めない金融機関もあります。

「まあ、借換えって本当にすごいわ！ お風呂のリフォームを100万円入れてもこんなに安くなるのね。他にも何かないか考えてみて、この機会にできることは全て組込んでしまったほうがだいぶお得になるわね」

「クルミちゃん、それから注意事項としては、住宅ローンに組込めるリフォーム費用の上限は500万円までのところが多いから気をつけてね」

MEMO

Episode 8-2
ゼロ円リフォームを最大限活用する

　夕食後、クルミが食器を洗おうと食洗機を開けると中になんと、レゴ、ぬいぐるみ、おままごとの食器一式が入っています！！「な、なにこれーーー！！！」思わず大声で叫ぶと、子どもが「きょう、おかたづけして、おもちゃもきれいにあらったの。」と得意満面な笑顔でキッチンにやってきました。うわぁ、食洗機が壊れてないといいけど、と心から祈りつつ、片付けとお掃除洗濯ができたと喜んでいる子どもを頭ごなしに叱ってはいけないと感情を抑え抑え、「そうかぁ、えらいね。ママの真似して洗ったんだ。よくできたね。でもね、この食洗機はごはんを食べる食器だけを洗う機械なんだよ。だから今度おもちゃを洗う時は一緒に洗面所で洗おうね」。そう言って、食洗機からおもちゃを出して一緒に片付けました。

　子どもを寝かしつけた後、さて食洗機が壊れていないか確認しなくてはと、まずは食器を入れずにスイッチをオンに。するとキューンという奇妙な雑音が響き渡り、カタカタっという音がした後に無音。その後、一度開けてからもう一度スイッチを入れてみたけど、今度は最初から何の反応もなく無音。やはり壊れてしまったようです。

　クルミは大きなため息をついて、ソファに座りジュウ太に話しかけました。

「食洗機が壊れちゃったのよ。修理費用ってどれくらいかかるのかしら？」

「それは困ったな。でもクルミちゃん、借換えにお風呂のリフォーム費用入れるって言ってたから、食洗機も一緒に直しちゃえばいいんじゃないの？」

ジュウ太もたまにはいいことを言うのです。

「まぁジュウ太さん、そうだわ！　そうよね。お風呂のリフォームと一緒に食洗機も新しく変えてもらえばいいのよね。早速明日連絡してみるわ」

翌日、クルミはリフォーム業者に連絡しました。

「実は昨日の夜に、食洗機が壊れてしまって、修理か新しいものに変えたいのですが、また見積もり出してもらえますか？」

「もちろんですよ、奥様。先日のお風呂のリフォームは借換えされる時に借入金に組み込むってお話でしたけど、今回の食洗機も一緒にしますか？」

「ええ、そうしたいと思っているわ」

「なるほど。実質ゼロ円でのリフォームができるのは、借換えの機会に限られていますからね。よろしければ、最大限いくらまでのリフォーム費用をのせても月々の返済軽減メリットがあるかを計算してみましょうか？」

「まぁ、そんな計算ができるの？」

「はい、シミュレーションソフトを使えばすぐですよ。お風呂と食洗機のほかに気になるところはありますか？」

「そうねぇ。太陽光パネルを追加で設置するというのはどうなのかしら？　さらに電気代が節約できると思うんだけど」

「いいですね。さらに電気代が節約できて、余った電気を売ることもできるので太陽光発電で収入を得ることもできますよ」

「また収入にもなるなんてさらにすごいわ。それから、そうねえ。キッチンの収納を増やせたらいいなと思っているのだけど」

「かしこまりました。では食洗機と合わせてシステムキッチンのリフォームも見積もりに入れましょう」

「そんなに入れても大丈夫なのかしら？」

リフォーム業者

「まずは見積もりを作って、借換えのメリットも検証してみましょう。差し支えなければ現在の住宅ローン詳細を教えてもらえますか？」

翌日、親切なリフォーム業者はリフォーム費用の見積もりとリフォーム費用を組み込んだ住宅ローン借換えの返済シミュレーションを持ってきてくれました。

浴室リフォーム	150万円
システムキッチン（食洗機込み）	120万円
追加・太陽光パネル設置	200万円
借換えに伴う諸費用	90万円
合計	560万円

	現ローン借入残高	金利	月返済額	今後の利払い
現ローン	2,880万円	2％	99,378円	10,562,892円
借換えローン	3,440万円 (2880万円＋諸費用90万円＋リフォーム470万円)	0.775％	98,477円	4,597,493円

リフォーム見積もりを入れた借換えシミュレーションを見て、クルミは大感激してしまいました。470万円のリフォーム費用と借換えに伴う諸費用90万円を組込んでも、月々の返済額は約1,000円安くなるうえ、将来的に支払う利息は、約590万円も少なくなります。

「壊れた部分を直すだけでなくて、もっと使いやすく住みやすいようにリフォームしても、借換えで月々の返済額は減るのね。『住宅って3回は建て直さないと理想の住宅はできない』ってよく言うけど本当ね。注文住宅でも住んでみるとやっぱりこうしたいっていう希望も出てきたから、こうやって借換え時のリフォームに組込めるのはとても有効ね」

　クルミがとても喜んでいるのを見て、リフォーム業者も借換えのアドバイスをして、お客様のお役に立てたことをとてもうれしく感じました。

「太陽光発電については、現在の電気代は月に1万円くらいだと思いますが、これがほぼ0円になるので相当な節約になりますし、売電収入も増えますね」

「実質ゼロ円でリフォームできるうえに、電気代節約と売電収入まで増えるのね。いいことだらけだわ」

「きっとご満足のいくリフォームとなるように、弊社も全力でリフォーム工事に取り組ませていただきます！」

「ありがとう。早速今晩、主人に相談してまた連絡します」

　ジュウ太は帰宅するとすぐにクルミから、リフォーム見積もりと借換えシミュレーションを見せられて、「クルミちゃんの変えたいところばっかりだなぁ」と苦笑しましたが、家の中のことはクルミに任せているので、もちろんリフォームに同意しました。

Episode 8-3
リフォーム費用捻出の方法

ジュウ太とクルミは、リフォーム費用を借換えに組込むことに決め、浴室やシステムキッチンのデザインを相談するために、早速週末にリフォーム業者の事務所を訪れました。事務所のドアを開けて中を見ると、偶然、カリ介とカリ介の奥さんがいました。どうやらカリ介もリフォームの相談に来ていたようです。

「カリ介くんの家もリフォームするのかい？」

「ああ。外壁がだいぶ汚れてきたから外壁塗装と、この前の大雪でカーポートがへこんじゃったから修理してもらおうと思っているんだ。ジュウ太は？」

「ウチは、ちょうど借換えの借入金にリフォーム費用を組込めそうなので、この際いろいろ住みやすく変えようと思ってその相談に来たんだ」

「へえ。ジュウ太が借換えを自分でやっているのにも驚いたけど、ゼロ円リフォームの活用まで考えていたなんて意外だよ」

「はは。リフォーム業者からのアドバイスとクルミちゃんのアイディアなんだけどね。カリ介くんも借換えと一緒にリフォームするのかい？」

「いや、実は俺は病歴があって団信も通るかどうかわからないし、妻も専業主婦になって借入限度額もギリギリになりそうだから、リフォームローンを組むことになるだろうな」

「やあ。ジュウ太くん。カリ介くん」

「おや、ロンロンじゃないか。こんなところで何をしているの?」

「今日はリフォーム費用捻出のアドバイスをしようと思って来たんだよ」

「借換えか、リフォームローンの他に何か方法があるの?」

「うん。まずは現金一括払い」

「なんだよ。それができれば苦労ないじゃないか。そんなに一度に出せる手持ちの現金なんてないよ」

「あはは。現金なら利息もかからないし、一番いいんだけどね。でも確かに何百万円もすぐにポンっと出せる家庭は少ないよね。じゃあ火災保険はどうだろう? ジュウ太くん、カリ介くんは火災保険に加入している?」

「もちろん入っているよ。でも火災保険は火災で家が燃えてしまった場合に保険金が出るものだろう?」

「通常はそうだけど、火災保険証券を一度見直してみて、"風災・落雷・水災・雪災"や"破損・汚損"などの損害がカバーされているのか調べてみるといいよ。さっきカリ介くんが『この前の大雪でカーポートがへこんだ』って言っていたけど、もし大雪が原因で壊れた場合で、火災保険の補償内容に"雪災"が入っていれば、保険で修理費用がまかなえるかもしれないよ。それから、何かがぶつかって外壁が破損してしまったのなら、"破損・汚損"の補償でカバーされるかもしれない」

「そうなの? 火災保険だから火災の時だけしか保険金はもらえないと思っていたよ」

「うん。補償内容を火災だけに限定して加入している場合は火災しか出ないけどね。自分が入っている火災保険の内容を見直してみて、補償内容にもし該当する事故が含まれていたら修理費用を請求できる可能性もあるよ。ただし、経年劣化等は補償されないから、汚れた外壁をきれいにしたいというような場合は当てはまらないので気をつけてね」

「なるほど。一度火災保険の内容も見直してみることにするよ」

「ちなみに火災保険というのは通称で、正式名称は『住宅総合保険』というんだよ」

「ロンロンは豆知識の宝庫だね」

「じゃあ事故ではなくて、家をきれいにリフォームしたい場合は？」

「当座貸越と生命保険の契約者貸付という2つの方法を紹介しよう。まず当座貸越は知っている？」

「知らない。」

「総合口座普通預金の残高を超えて払い出す場合に、総合口座定期預金を担保として自動融資（当座貸越）を行う機能のことだよ」

「どういうこと？」

「つまり定期預金に貯金しているお金があれば、それを担保に普通預金の残高が少なくても一定額の引出ができて、普通預金の通帳は足りない分だけマイナス表記されるんだ」

「いくらまで引出しできるの？」

「銀行によって違うけどたいていの場合は、担保となる定期預金合計額の90％（千円単位、上限200万円〜500万円）というところが多いね。そして定期預金から貸出しをしていることになるから、利息もつく。当座貸越利率は担保となる定期預金の約定利率に年0.5％程度を上乗せして設定しているのが一般的だよ」

「たとえば、普通預金に100万円、定期預金に500万円入っている人が、200万円のリフォームをする場合に、普通預金から200万円を引出して、リフォーム費用の支払いに充てることができて、そのうち100万円は定期預金からの当座貸越になるということだね？」

「そういうこと」

「どうやって返済するの？」

「普通預金に入金すれば返済となるので、少しずつで

も普通預金に入金してマイナスを減らしていけばいいんだよ。短期間で返済すれば利息もそんなにかからないし、3％前後の高金利でリフォームローンを組むよりいいだろう？」

「なるほどね。でもそれだったら定期預金を解約すれば利息はかからないよね？」

「うん。でも当座貸越の場合、普通預金の引出しをするだけで手間はかからないし、審査もいらないから利用しやすいという利点がある。一方で、もしも返済が長期になると利息がかかってしまうので、定期預金を解約する方がいいかもしれない」

「生命保険の契約者貸付というのはどういうものなんだい？」

「契約している生命保険の解約返戻金を担保に、生命保険会社からお金を借りることだよ。」

「生命保険にそんな制度があるなんて知らなかったな」

「まずは自分の保険証券を見直してみて、解約返戻金があるかどうかと、ある場合には現時点でいくらの解約返戻金があるのかを確認してみるといいよ。その解約返戻金の70～90％を契約者貸付として利用できるのが一般的なんだ」

「貯蓄型の保険だったら、けっこう貯まっているだろうからリフォーム費用に充てられるかもしれないな」

「ただし以下の点に注意が必要だよ。
まず、お金を借りることなので当然利息が発生する。契約者貸付の場合は、保険の予定利率に1～2％程度を上乗せすることが多く、複利で計算されるから、返済が遅くなればなるほど、返済額が増えていくんだ。それとバブル期などに入った保険は予定利率が高く、解約返戻金が多くなるという点ではいいけれど、契約者貸付を利用しようとするとその分利息も高くなるので、気を付けてね」

「なるほど。保険を見直して、解約返戻金の金額だけではなく、予定利率から返済の利息がいくらになるか

もちゃんと見ておかないといけないんだね」

「その通り。それから、もともとの目的が保険であることを肝に銘じておく必要があるよ。解約返戻金の範囲内なら何度でも契約者貸付を利用できてしまうけど、返済をしないうちに返済額が解約返戻金を上回ってしまうと、保険が失効になってしまうことがあるし、祝い金や満期金がある場合には、返済額が差し引かれて給付されるんだ。例えばせっかく教育資金の積み立てを保険でやっていたのに、契約者貸付をしたことによって必要な時に教育資金がなくなってしまったなんてことになったら困るからね」

「それは気を付けないといけないね。ところで契約者貸付ってどうやるの？」

「契約者本人が保険証券を手元に持って、保険会社のコールセンターに電話すると、保険会社から必要書類が送られてくるので、該当箇所に記入をして返送する。通常は約一週間後に保険会社から振込されるのが一般的だよ」

「銀行口座の当座貸越も生命保険の契約者貸付も、手軽にできるんだね」

「自分に一番適した支払い方法を考えるためには、まずはいろいろな方法を知っておくことが大事と言えるね」

MEMO

Episode 9
ジュウ太、諸費用について学ぶ

借換えの概要やメリットを理解してきたジュウ太でしたが、いつも出てくる「**諸費用**」というのはいったい何なのだろうか？と疑問に思い、何にいくらかかるのかを調べてみることにしました。

ここでは、ジュウ太がエピソード2で使った諸費用（約86万円）をもとに説明します。登録免許税の抵当権についてと保証料については、Part2の基礎知識も参照してください。

諸費用の例

1	印紙税	20,000円
2	事務手数料	32,400円
3	登録免許税（抵当権抹消＆設定）	116,200円
4	司法書士報酬	70,000円
5	一括返済手数料	32,400円
6	保証料	577,814円
7	戻し保証料　手数料	10,800円

借換えにもいろいろな費用がかかることがわかりましたが、ジュウ太はここまで考えると、頭が混乱してきました。

「細かい費用のところは、銀行によって変わるみたいだから、そのあたりもできるだけ比較してみたほうがいいだろうな。でも大変そう～。ロンロンが調べておいてくれないかな？」

「ジュウ太くん。今は窓口に行かなくてもインターネットで調べられることもあるから、いつも僕を頼ってちゃダメだよ。とはいえ、保証料のところは大事だから少し話しておくね」

「保証料が一番金額も高いよね。いったい何の保証なの？」

1	契約書に添付する印紙の代金。借入額が1,000万円超、5,000万円以下の場合、20,000円の印紙が必要です。
2	事務手数料は、金融機関によって変わります。借入額の数％という場合もあります。
3	抵当権設定費用は、借入額の0.4％です。（一定の条件を満たした場合、軽減税率適用の対象となる場合もあります）抵当権抹消費用は、不動産1個につき1,000円です。
4	依頼する司法書士によって報酬は変わりますが、60,000〜100,000円が平均です。銀行によって司法書士が指定される場合もありますが、自由に依頼できる場合もあります。
5	一括返済手数料は、銀行によって異なります。都市銀行Aの場合は、変動金利一括返済手数料は、10,800円、固定金利一括返済手数料は、32,400円です。
6	保証料は、銀行によって異なります。通常、一括前払い型と、金利上乗せ型があります。 ＊一括前払い型は、借入期間によって金額が決まっています。都市銀行Aで借入期間が33年の場合、100万円につき20,063円となっていますので、借入額2,880万円のジュウ太は、28.8×20,063円＝577,814円となります。 ＊金利上乗せ型は、都市銀行Aの場合は融資金利＋0.2％となります。
7	戻し保証料とは、元の住宅ローンでかけていた保証料が返還される時にかかる手数料です。

「もしもジュウ太くんがローンを返済できなくなった時に、連帯保証人の役割として、保証会社がジュウ太くんの代わりに残存債務を銀行に支払うんだよ。保証料というのは、そのために金融機関関連の保証会社に対して、保証をしてもらうための対価として支払うものなんだ」

「なるほど。金融機関も融資した金額を回収できないと困るから、リスク回避のために、債権回収の保証をしてもらうようになっているんだね」

「ここで注意しなくてはいけないのは、【保証料】と【事務手数料】の違いなんだ。諸費用の明細が【保証料】という名目であれば、繰上げ返済や、借換えで元の住宅ローンを一括返済する時に未経過分が戻ってくるけど、金融機関によっては【事務手数料】として費用がかかる場合もあって、【事務手数料】として支払ってしまうと、お金が戻ってこないので、気を付けておく必要があるよ」

「わかった。気を付けるよ」

「それから、もう一つ。フラット35という商品があるよね。フラット35は、【保証料】や【繰上げ返済手数料】がかからないといった特徴があるんだ。ただしその分事務手数料がかかったり、金利が高くなるというデメリットもあるので、借換えの商品を選ぶ時には慎重に検討したいポイントだね。もちろん固定金利という安心感もあるね」

「わかったよ。ところで、保証料だったら戻ってくるんだよね？ 僕が借換えをした場合、元のローンで払った保証料は戻ってくるってこと？」

「そうだよ。ジュウ太くんの場合は、未経過分の約57万円が返金されることになるね」

「僕は借換えでかかる諸費用は保証料も全部借入金額に組み込んじゃうことにしたから、新しい保証料はローンで払って、元の保証料は現金で戻るんだ。わあ。57万円も入るなんて嬉しいなぁ」

「無駄遣いしないように気を付けるんだよ」

MEMO

Episode 10
クルミ、現在のローン状況を確認する

しっかり者のクルミは、ジュウ太だけに借換えを進めてもらうのは少し不安なので、自分でもちゃんと確認してみようと思いました。

「ロンロン、住宅ローンの月々の支払いは家計簿でわかるのだけど、実際の支払があと何年何ヶ月残っていて、利息分はあとどれくらい払うのかを正確に知るためには、何を調べればわかるのかしら？」

「さすがクルミちゃんはしっかりしているなあ。借換えの比較をするためには、今の自分のローンをきちんと把握しておくことが重要だよね。【返済明細書（返済予定表）】という書類に、毎月の返済額とその内訳（元金返済分、利息充当分）、返済前と返済後の残高が初回から完済まですべて記載されているので、これを見れば今後のローンの返済予定がすべてわかるよ」

「そんな書類あったかしら？」

「一般的には、最初の借入時に発行されて、その後は一部繰上返済や、金利タイプ変更時に、再計算された返済明細書が発行されるんだ。変動金利でローンを組んだ人は半年に1回発行されているので、最新のものを確認するといいね」

「探してみるけど、もしも見つからなかったらどうしようかしら？」

「銀行によっては、インターネットで確認できるところもあるよ。いずれにしても借換えを申込む時には提出が必要な書類なので、取り寄せてもいいと思うよ」

「わかったわ」

「それから、金銭消費貸借契約書（金消、通称ローン契約書）には、借入金額、返済年数、金利、返済方法などが記載されているので、ここから計算してみることもできるよ。それから保証料の確認もできるので、金銭消費貸借契約書は見ておく必要があるね。これは最初にローンを組んだ時の書類一式の中にあるはずなんだ。他に【金利優遇に関する特約書】や、【計算書】に保証料が書いてあることもあるので、最初に保証料をいくら支払ったのかも確認しておこう」

「書類が多すぎて、よくわからないからそのまましまってあるけど、一度出して確認しないといけないのね」

「借換えを実行するとなったら、物件の書類も必要になるから、一度整理しておくといいよ。必要な書類も後で教えてあげるから、頑張ってそろえてみて」

「ありがとう、ロンロン。よろしくね」

Episode 11
ペアローン

ジュウ太は、会社の昼休みに、借換えについての話題になったので、自分も借換えをしようと思っていろいろ調べていることを皆に話しました。すると同僚の一人からこんな質問をされました。

「ジュウ太さん、ペアローンで組んだ住宅ローンでも借換えできるかどうか知ってますか？」

「ペアローン？ 夫婦でそれぞれ住宅ローンを組んでいることだよね？ 借換えできるかどうか、僕のアドバイザーに聞いてあげるよ」

「助かります。できることなら借換えしたいなって思ってたとこなので」

そこでジュウ太は、早速ロンロンにペアローンで借換えできるかどうかを聞いてみました。

「まずはジュウ太くん、ペアローンってどんなものか知ってる？」

「知らないな」

「たとえば5,000万円の住宅を購入したい時に、夫3,000万円、妻2,000万円で住宅ローンを組むことができるんだ。夫婦合算の収入で借入額を決められるので、夫だけの収入で審査されるよりも、少し高額な住宅ローンを組めるという利点がある。それに団信は夫婦それぞれが加入できるし、住宅ローン控除もそれぞれ受けられるから、ペアローンを選ぶ夫婦は多いんだよ」

「ふうん。それで借換えはできるの？」

「ペアローンの借換えは、ハードルが高いよ。ペアロ

ーンは、夫と妻がそれぞれで住宅ローンを組んでいるので、両方とも審査を通れば借換えできるけど、手続の煩雑さも倍になるし、なかなか難しいのが現状だよ」

「借換えのタイミングで、2つのローンをまとめて1つにするわけにはいかないのかい？」

「たとえば最初にペアローンを組んだ時には、夫婦共働きだったけど、その後奥さんが専業主婦になっていたりするケースでは、ローンを夫名義で1つにまとめたいっていう希望はよくあるんだけど、もともと二人それぞれの所得で借入額が決まっていたところ、夫一人の所得分だけで、同じ金額の審査が下りるかっていうと、ちょっと難しいね。ただ、少し金利が高くなるけど、審査がゆるい金融機関を選べば、借換えできる確率は高くなるよ」

「できないことはないんだね」

「うん。でももう一つ問題があって、ペアローンを組んだ時にローン割合に応じて、住宅の持ち分も分けていることが多いので、これを共有のまま、住宅ローンの名義だけ一本化してしまうと、贈与税などの税金がかかってしまうんだよ。まず妻の所有分を夫に移転して、100％夫が所有という形で住宅ローンをまとめてから、借換えをする必要があるので手間がかなりかかるね」

「なんだか大変そうだね」

「一番楽な方法は、今ローンを組んでいる銀行に、『借換えを検討しているのだけど、金利を下げてもらえるか』と交渉することだね。ただもしもうまくいっても銀行から何らかの条件がつけられることが多いみたいだよ」

Episode 12
自営業カエ吉の借換え

　ジュウ太の同級生カエ吉は、漫才師になる夢をあきらめ、今は実家の八百屋を継いで、近くのマンションに奥さんと子どもと住んでいます。ある日買い物に来たクルミから、ジュウ太が住宅ローン借換えをするために勉強していて、ロンロンというパンダがアドバイスをしてくれているという話を聞きました。

「ジュウ太にできて、俺様にできないわけはないよな。うちもローン返済が減るなら借換えしてみるかな。ロンロン、ウチのローンも見てくれよ」

　困った人の味方ロンロンは、早速カエ吉の前に現れて言いました。

「自営業の人はサラリーマンの人より、もっと大変だよ」

「なんだと！　手伝わねぇって言うのかよ！」

「ジュウ太くんから聞いていた通り、カエ吉くんはこわいなあ。怒らないで聞いてよ。ちゃんと手伝うけど、審査や手続はサラリーマンのジュウ太くんより大変だってことだけは知っておいてほしいんだ」

「わかったから、早く教えろよ」

「はいはい。ではまず住宅ローンにおける【自営業】に該当する人というのは、たとえば

- 自営業者、法人格を持たない個人商店
- 職人（大工など）
- 中小企業法人役員
  ※銀行ごとに定義が異なる
- 士業
- 保険外交員

などがあげられる。基準は社会保険に入っているかどうかではなく、事業所得を得ているかどうかで判断するというほうがわかりやすいね。それからフルコミッションの仕事や、日給・月給の仕事は自営業とされることが多いんだ」

自営業の人は、過去3期分の所得がわかる書類提出が必要となるので、少なくともその事業を3年は継続していることが基本的には条件となるんだ」

「うちは個人商店で、3年以上八百屋やってるから、大丈夫だろうな」

「そうだね。それから審査のポイントは、事業の継続性と収入なので、それも注意が必要だよ。銀行によって年数は変わるけど、2年〜3年分の所得平均が審査対象となるので、もしも経費が多くて所得が少ないと、審査に通らないこともあるんだ」

「それは確認しておかないといけないな。他には何かあるのか？」

「カエ吉くんは該当しないけど、自営業のうち、中小企業の役員さんは、源泉徴収票と一緒に会社の決算書も2〜3期分提出しなくてはいけないので、直近2、3年で赤字や債務超過がある会社は審査が厳しいということも知っておいてもらいたいな」

「なるほど。サラリーマンよりも自営業は審査が厳しいってことだな」

「それから必要な書類も違うので、それはPart 2の「書類」の項目を参照してね」

「それでも何百万も得するっていうんだから、俺も借換えをやってみるかな」

Episode 13
借換えできないケース

　借換えについての知識もだいぶ身に付けて、早速事前審査からの手続を進めていこうとしたジュウ太ですが、ここまできて、もしも借換えできなかったらどうしようと心配になってきました。

「ねえ、ロンロン。僕はサラリーマンで安定収入があって、大きな病気もしていないから、健康面も問題ないし、借換えできそうだけど、それでも審査に落ちることってあるの？」

「可能性はあるよ。脅すわけではないけど、借換えできないケースも把握しておいたほうがいいね」

「教えてよ。せっかくこんなに勉強して準備したのに、もし審査に通らなかったら、今までの苦労が水の泡だよ。。」

「そうだね。まず今の住宅ローンで直近半年〜1年に滞納が一度でもあると審査に通るのは難しいね」

「うっかり残高不足で、すぐに支払ってもダメなのかい？」

「残念ながら、一度でも引落ができないとダメなので、借換えの時期を少し先延ばしにするしかないんだ」

「えー、けっこう厳しいんだなぁ。他には？」

「それからクレジットカードは特に気を付けて。買い物以外でも携帯料金、電気代、保険料の支払いなどをクレカ払いにする人が最近増えているからね。クレカの未納が3か月以上続くとローン審査は5〜7年くらい通らないんだ。残高不足

で、翌月支払いできれば1回くらいはセーフだけど、常習性があると審査は通らないよ」

「携帯料金は僕もクレカ払いだな」

「携帯といえば、最近は携帯電話の本体代金を2年（24ヶ月）の分割にして、電話料金と一緒に月々支払っていくことが多いけど、あれは割賦販売法の「個別信用購入あっせん」に該当するので、支払いが遅延すると加盟の信用情報機関に連絡がいって、住宅ローンの審査にも影響することがあるから、それも気を付けてね」

「【信用情報機関】っていったい何なの？」

「銀行はもちろん、クレジットカードや消費者金融に携わる企業は、その顧客の利用状況（信用情報）を専門の信用情報登録機関に登録することが義務づけられているんだ。だからどこかで延滞や、滞納があるとその情報は各金融機関で共有されているんだよ」

「なるほど。自動車ローンとか、奨学金ローンの支払いをうっかり忘れてもまずいんだね」

「そうなんだ。それからサラ金からの借金や、信販会社での分割払いも情報として登録されているよ」

「お金を借りるって、やっぱり注意が必要なんだね」

Episode 14
カリ介の銀行から引き留めにあう?!
「今の銀行で金利を下げる」

　ジュウ太がカリ介の銀行を訪ねて行ってから、しばらく経ったある日、カリ介から連絡がありました。

「よお、ジュウ太。その後借換えの話ってどうなってる？」

「いろいろ調べて、かなり得するってわかったから借換えするつもりだよ。事前審査も通って、これから書類をいろいろ揃えなきゃいけないんだけど、ちょっと面倒くさいなって思っているところなんだ」

「そうか。実はさ、上司にジュウ太の借換えのこと話したら、今月は困るっていうんだよ。もし急いで借換えしたいなら、うちの銀行で金利を下げられるかやってみるって言うんだけど」

「なんで困るの？」

「銀行って、３月の年度末締めとか９月末とかにさ、融資額が減っちゃうと予算とかの関係で困ることがあるんだよな」

「へえ、大変なんだな。でもせっかくいろいろ調べたから、今さら借換えやめるのはイヤだよ」

「まぁ、そう言わずにさ。事前審査通ったなら内定通知書とか出ただろ。それを持ってきてもらって、借換えする場合の金利も教えてくれよ。まったく同条件にはならないかもしれないけど、ちょっとの手数料だけで金利を下げてやるって言ってるんだから、ジュウ太だって楽だろ。借換えの書類そろえるのって結構大変だぞ」

「そっかぁ。まぁカリ介くんがやってくれるって言う

なら、そのほうがラクか。わかったよ。ちょっと待つよ」

「サンキュー、ジュウ太。上司に相談してまた連絡するよ」

　借換えを決意して今の銀行に一括返済を伝えに行く際、ほとんどの場合は引留められることはありませんが、ときどき、銀行全体で保有している融資額が減ってしまうことを懸念して、引留められることがあります。逆に考えると、うまくいけば、面倒な書類手続や諸経費なしに、今の銀行で金利を下げてくれる可能性もあるといえます。とくに上期・下期決算にあたる３月や９月は銀行も貸付残高を減らしたくないので、比較的交渉できる時期です。銀行によっては、あっさり「どうぞ借換えして下さい」と言われて拍子抜けすることがあるかもしれませんが、トライしてみる価値はありそうです。この場合にも、他金融機関で借換えの事前審査までおこない、「内定通知書」を持参すると金利を下げる交渉を有利に進められます。

Episode 15
書類をそろえる

　ジュウ太は、今日こそクルミに言おうと決めました。「借換えはもうやめよう」と。

　借換えで得するとわかって、自分でもいろいろ調べて勉強しましたが、書類をそろえるのがこんなに大変だとは想像もしていませんでした。新居を購入した時の書類はそのまま全部ひとまとめに置いてあって何が何だかわからないし、銀行に言われた書類を出したら、3か月以内に発行したものでないと受け付けられないと言われるし、もうどうにも面倒くさくて疲れてしまって、イヤになってしまったのです。

　ジュウ太が、クルミちゃんに何て言おうか、怒るだろうな、などと考えながら歩いていると、突然後ろから声をかけられて、振り向くとカリ介とカエ吉がいました。

「ちょうどカエ吉と飲みに行くところなんだ。ジュウ太も来るか？」

「いいね。僕も行くよ」

　イヤなことは少しでも先延ばしにしたいジュウ太は、即答で二人と飲みに行くことにしました。

　飲み始めると早速カリ介がジュウ太に借換えの進捗について聞いてきました。

「実は書類そろえるが大変だし、僕にはもう無理そうだから、借換えするのはやめようかと思っているところなんだよ」

　とジュウ太が答えると、カリ介とカエ吉も同意しました。二人ともジュウ太と同じように、銀行に書類を出したら、違うとか足りないとか言われて、すっかりやる気

をなくしてしまったようでした。
すると、

「ジュウ太くんたち、集まるなら僕も呼んでよ」

と言ってロンロンが居酒屋に入ってきました。すると3人は早速、ロンロンに借換えを勧められてやってみたけど、書類を探すのが大変だ、何が必要かわからない、融通が利かない、など次々と愚痴を言い始めたのです。ロンロンは一つ一つ辛抱して聞いてから、こう言いました。

「そうだね。どんなゲームでも最終ステージのボスが一番手強いように、借換えにおいては本審査が一番の難関といえるね。でも借換えの最終ステージまで君たちはやってきたんじゃないか。もう一歩でゴールだよ。せっかくここまできたのだからあとひと踏ん張り、頑張ってみようよ。僕はいつでも話を聞くからさ。
金融機関によって多少変わるけど、一般的に必要とされる書類をPart 2にまとめたから、参考に使ってよ」

ジュウ太、カリ介、カエ吉は、ロンロンからもらった必要書類一覧表を手に、借換えへの決意新たに、今度は借換えで得した分で家族を連れてみんなで食事会でもしようぜ、なんて話しながら帰路についたのでした。

Episode 16
住宅ローン控除はどうなるのか?
「税金」

「ロンロン‼ そういえば借換えしても住宅ローン控除は受けられるの？ 10年は控除を受けられるって聞いていたから、借換えをして控除が受けられなくなったらもったいないし、それで結局は損するなんてことになったら、イヤだよ、僕」

「ジュウ太くん、いいところに気が付いたね。住宅ローン控除は引き続き受けられるよ。ただしいくつか条件があるんだ」

「あー、よかった。でもその条件ってどんなものなの？」

「まずは居住していることが大前提。だから転勤などで人に貸している時は、控除は受けられなくなるんだ。そして次の2つの条件を満たすことだよ。

1、新しい住宅ローンが当初の住宅ローン返済のためであることが明らかなこと。
2、新しい住宅ローンが10年以上の償還期間であることなど、【住宅借入金等特別控除】の要件を満たすこと。」

「借換えで、借換え後も10年の返済期間があるローンだったら大丈夫だね」

「うん。でも住宅ローン控除が受けられるのは、最初のローンを支払い始めてから10年間で、借換えをしても、その期間が延長されることはないので注意してね。それから控除対象の年末残高についても気をつけて。次の2つのいずれかになるんだ。

1）A ≧ B の場合の対象額はC
2）A＜Bの場合の対象額はC × A/B
A：借換え直前の住宅ローン残高
B：借換えによる新たなローン借入時の金額
C：借換え後の住宅ローン年末残高

「もし借換えにリフォーム金額を組み込むなら、2）のパターンとなるね。」

「あー、よかった。借入金年末残高の1％（上限40万円）の税額控除は大きいからね。クルミちゃんも助かるって言ってたし」

「それは2014年4月1日から2019年6月30日までの税制だね。制度は5年ごとに法改正で変わるんだよ。それから住宅ローンを組んで控除を始めた年や、控除を受ける人、物件によって、税制は異なるから、国税局のホームページで確認してね。ちなみに住宅ローン控除の正式名称は【住宅借入金等特別控除】なので、国税局ではこの用語で検索すると出てくるよ。

「控除のことはわかったよ。ちなみに他には借換えでかかる税金ってあるの？」

「諸費用のところで触れた【印紙税】と【登録免許税（抵当権抹消＆設定）】の2つが借換えでかかる税金だよ。それから借換えではないけれど、住宅にまつわる税金として購入時には消費税、不動産取得税、場合によっては贈与税がかかる人もいるね。住み始めてからは固定資産税もかかるんだよ」

参考 URL

〈住宅借入金等特別控除〉
https://www.nta.go.jp/taxanswer/shotoku/1213.htm

〈住宅ローンの借換えをしたとき〉
http://www.nta.go.jp/taxanswer/shotoku/1233.htm

Episode 17
シミュレーションソフトを使う

　ジュウ太はロンロンのアドバイスをもとに、なんとか無事借換えを終え、クルミからも感謝される幸せな毎日を送っていました。ところが借換えを自分でできたことがうれしくて、周囲にやたらと自慢していたばかりに、最近はいろいろな人から借換えの質問をされるようになってしまったのです。せっかくだから皆にもぜひ借換えをして得してほしいけど、どうやったらうまく伝えられるだろう、と新たな悩みが出てきたジュウ太は、またロンロンに相談することにしました。

「やあ、ジュウ太くん。周りの人にも借換えを勧めるなんていいことじゃないか。これから、借換えシミュレーションのポイントを教えるので、みんながそれぞれ自分のプランで検討できるように教えてあげてね」

「頼むよ、ロンロン」

「では今日は、パソコン(Excel)の無料ソフトを使って説明するね。返済金額等も詳細に分かるし、特殊なパターンでも計算できるソフトもあるのでわかりやすいんだ」

推奨 Excel ソフト
無料ダウンロードできるソフト
"ローン返済額　for Excel"
http://www.wh2.fiberbit.net/mats/toybox/hensai.htm

「その他スマートフォンでは、iPhone, iPad で無料ダウンロードできる『どこでもローン計算』というものもあるのでお勧めだよ」

■ この色のついたセルに入力してください。

返済方式	元利均等	
融資金額	28,800,000	円
うち毎月分融資金額	28,800,000	円
うちボーナス分融資金額		円
融資利率（年利率）	0.7750	%
返済期間	33	年
融資日（西暦年月日）	2018/01/30	
初回返済日（西暦年月日）	2018/02/28	
返済日（日）	※	日
ボーナス返済月（1）	1	月
ボーナス返済月（2）	7	月
指定返済額（毎月）	※	円
指定返済額（ボーナス月）	※	円
返済額まるめ単位	1	円
付利調整単位	100	円
毎月返済額	82,446	円
ボーナス月返済加算額		円
毎月分利息合計額	3,848,399	円
ボーナス分利息合計額		円
返済総額	32,648,399	円

※この項目は必要に応じて入力

返済方式
元利均等と元金均等を選びます

融資金額
住宅ローン残高、または借換えをする金額を入力

融資利率（年利率）
金利を入力

返済期間
返済期間を入力
年と月が選べます

融資日（西暦年月日）
試算する時は、2か月先くらいの日付にしておきましょう

初回返済日(西暦年月日)
初回返済日は、仮に翌月末にして試算してみましょう

- 毎月の返済額が出ます
- 将来的に支払う利息合計が出ます
- 総支払額がわかります

---

* 現在のローン残高と金利、残年数を入力する
* 借換え後の金利に変更してみた時、次の数字をチェック！
　☐ 毎月の支払いがどれくらい減るか
　☐ 利息合計額（将来的に支払う利息分）がどれくらい減るか
　☐ 毎月の返済額内訳をみて、毎月どれくらい元金と利息が減るか
　☐ 期間短縮の場合は、利息合計額がどれくらい減るか

毎月の返済額のうち、元本と利息の内訳が分かります

全体の残高が分かります

回数	返済日 (合計)	当月返済額 32,648,399	元本 28,800,000	利息 3,848,399	合計 32,648,399	残高
1	18/02/28	82,191	63,846	18,345	82,191	28,736,154
2	18/03/28	82,446	63,888	18,558	82,446	28,672,266
3	18/04/28	82,446	63,929	18,517	82,446	28,608,337
4	18/05/28	82,446	63,970	18,476	82,446	28,544,367
5	18/06/28	82,446	64,012	18,434	82,446	28,480,355
6	18/07/28	82,446	64,053	18,393	82,446	28,416,302
7	18/08/28	82,446	64,094	18,352	82,446	28,352,208
8	18/09/28	82,446	64,136	18,310	82,446	28,288,072
9	18/10/28	82,446	64,177	18,269	82,446	28,223,895
10	18/11/28	82,446	64,219	18,227	82,446	28,159,676
387	50/04/28	82,446	81,916	530	82,446	739,667
388	50/05/28	82,446	81,969	477	82,446	657,698
389	50/06/28	82,446	82,022	424	82,446	575,676
390	50/07/28	82,446	82,075	371	82,446	493,601
391	50/08/28	82,446	82,128	318	82,446	411,473
392	50/09/28	82,446	82,181	265	82,446	329,292
393	50/10/28	82,446	82,234	212	82,446	247,058
394	50/11/28	82,446	82,287	159	82,446	164,771
395	50/12/28	82,446	82,340	106	82,446	82,431
396	51/01/28	82,484	82,431	53	82,484	0

33年後(396か月後)は残高が0になります

＊注意点
・ボーナス払いシミュレーションも可能だが、毎月払いとの差異はほとんどなく、シミュレーショの比較としては効果が分かりにくいので、毎月返済で試算する方が分かりやすい。
・ペアローンや、変動と固定の併用の試算の場合は、2本作って足す。
・今のローンが10年固定後、変動の場合や、繰り上げ返済の試算をする場合には、別エクセルにて試算可能⇒ローン返済シミュレーション for Excel

MEMO

Q&A

　ジュウ太、クルミ、カリ介の3人は無事に借換えを実行することができたので、御礼を兼ねてロンロンを招待して食事会をすることになりました。カエ吉はまだ借換えを実行していませんでしたが、ロンロンに聞きたいことがあるというので、一緒に参加しました。

その1 「収益物件の借換え」

「僕たちとカリ介くんの借換え実行祝いと、カエ吉くんの借換え成功を祈って、かんぱーい」

　とジュウ太が音頭を取ると、皆は口々に「ロンロン、ありがとう!」と言ってグラスを合わせて飲み始めました。食事が進み、会話もはずんできたころ、ジュウ太がカエ吉に聞きました。

「カエ吉くんは、どうしてまだ借換えしていないの?」

「実は父ちゃんの介護が大変になってきたから、母ちゃんが同居しないかって言い出していて、今のマンションを人に貸そうかと妻と相談しているところなんだ。それでちょうどロンロンに聞きたかったんだけど、人に貸した家でも借換えってできるのか?」

「残念ながら住宅ローンの借換えは『居住していること』というのが大前提なので、ローンを組んでいるマンションを人に貸してしまうと借換えはできないんだよ。それから住宅ローン自体も『居住』が条件だから今の住宅ローンも賃貸用のローンに変更しないといけ

ないかもしれないよ。ただし、今回のカエ吉くんのように親との同居や、サラリーマン家庭の転勤などのやむを得ない状況で、今後も問題なく返済ができるのであれば、金融機関によっては融通をきかせてくれることもあるようだよ。でも借換えとなると難しいね。あとは住宅ローン控除も『居住』が条件だから、賃貸に出してしまうと控除は受けられなくなるので気を付けてね」

「そうなのか。やっぱり同居するならマンションを売って、二世帯に建て直しするかな」

その2 「自営業者とは?」

今度はカリ介が言いました。

「カエ吉は実家の両親のことも心配だろうし、借換えや二世帯でまたローンを組む時にも自営業だから俺たちよりも大変だよな。何かできることがあったら相談してくれよ。ところでロンロン、ウチによく来る保険外交員と借換えの話になった時に質問されたんだけど、保険会社の社員として働いているけど、給与は歩合制の保険外交員は会社員と自営業のどっちになるんだい？」

「それはよく聞かれる質問だね。基本的に会社で年末調整をしている人は会社員、自分で確定申告をしている人は自営業ということになるんだよ。それから給与明細の報酬には、会社員は『給与』、自営業は『業績報酬』と書かれているよ」

「なるほどな。伝えておくよ」

その3 「担保評価とは?」

次にジュウ太が質問しました。

「僕も聞きたいことがあるんだけど、担保評価ってなに？ 借換えできたから忘れていたけど、うちは大丈

夫なのかなって、少し気になっていたんだよね」

「担保評価というのは、住宅ローンなどの融資に担保として設定する不動産の評価金額のことだよ。返済できなくなった時のために不動産を担保にしているので、その担保物件が融資額に見合う価値があるかを評価するんだ。だから担保評価が低いと融資額も低くなって希望の金額でローンを組むことができないこともあるんだ。でも今は金融機関もあまり担保評価を重視していないようで、調べないということもあるみたいだよ」

その4 「火災保険について」

クルミは火災保険のことを思い出して、ロンロンに聞きました。

「そういえば、最初にローンを組んだ時に火災保険に入っていたと思うのだけど、借換えの時には火災保険は入っていなかったわね。ウチの火災保険って今はどうなっているのかしら？」

「最初の住宅ローンを組んだ時に加入した火災保険の満期がまだなら大丈夫だよ。ローンを借換えしても補償は続いていて、満期が近づいたら保険会社から更新の連絡が来るはずなので、その時に継続の意思を伝えてまた新しい契約をすればいいんだ」

「よかったわ。それなら安心ね」

その後は、借換えで浮いたお金の使い道や、小学校の思い出など話題はつきず、最後にロンロンが、

「皆に会えて僕も勉強になったし、とても楽しかったよ。またこれからも何か困ったことがあったらいつでも呼んでね」

と挨拶してふっと消えました。
ジュウ太、クルミ、カリ介、カエ吉の4人も、今度は増田の帰国に合わせてまた食事に行こうと約束して、それぞれの帰路についたのでした。

Part 2

住宅ローン全般の基礎知識

2-1 「金融機関一覧表」

金融機関の種類	主な金融機関	特徴	注意点
メガバンク	みずほ 三菱UFJ 三井住友 りそな	＊金利は比較的低い ＊豊富な資金量や金利調達能力、商品開発能力を活かし、取扱ローンの種類が多い ＊大都市圏では支店数も多く、相談窓口を設けているところが多い	
ネット銀行	住信SBIネット銀行 カブドットコム証券（MUFG） じぶん銀行 楽天銀行 ソニー銀行	＊金利は大手より安い（支店維持費・人件費がないため） ＊優遇金利、手数料が特に安い ＊全国から利用可能	・やり取りがネットのみで、書類は郵送になるので不備があると余計に時間がかかる
その他の銀行	新生銀行 東京スター銀行 イオン銀行	＊外資系や異業種からの参入で住宅ローンに新たな流れを吹き込んでいる ＊メガバンクに引けをとらない商品力で成長中	
地方銀行	第一地方銀行／ 第二地方銀行	＊地元密着で住宅業者と強いパイプを持つ ＊特徴的な商品を出しているところもある	
労働金庫	中央労働金庫	＊労働組合加入者には強い味方。消費者の立場に立ち、比較的条件の良い住宅ローンを供給 ＊自営業者などでも個人会員になれば借入可能	
信用金庫／ 信用組合	信金／信用組合	＊地元密着 ＊保証会社を選択できる	
信託銀行	三井住友信託 三菱UFJ信託、等	＊メガバンクより金利が低いところもある ＊長期固定ローンに競争力あり	・店舗が少ない

金融機関の種類	主な金融機関	特徴	注意点
JAバンク（農協）	全国各地に分布	*一般の人でも会員になれば利用可能 *幅広い支店網と地元の人々とのつながりを活かし積極的に住宅ローンを供給 *商品競争力も高い	・各地のJAによって金利が異なる
生命保険会社	日本生命	*オリジナル商品（ニッセイ住宅ローン）がある	
モーゲージバンク（フラット35）	優良住宅ローン ARUHI （旧SBIモーゲージ） 楽天モーゲージ 東京海上火災保険 ハウスデポパートナーズ	*預金機能を持たずに貸付ができる金融機関。一般的には住宅ローン融資の専門会社。 *フラット35を取り扱っており、住宅機器メーカー系、ハウスメーカー系、クレジット会社系など様々な会社がある	・金利は会社によって違う ・安い金利でも手数料を高く設定しているところもあるので、注意。
公的ローン	財形住宅融資	*企業が福利厚生として財形貯蓄制度を導入している場合で、財形貯蓄をしている人向けのローン	・戦後長らく住宅ローン供給の中心だったが、役割が徐々に低下してきている
	自治体	*地方自治体によって、一定の融資額に対し利子補給を行う制度を導入している場合がある。	

2-2 「フラット35の仕組み」

フラット35（住宅ローン債権の証券化支援事業の買取スキーム）

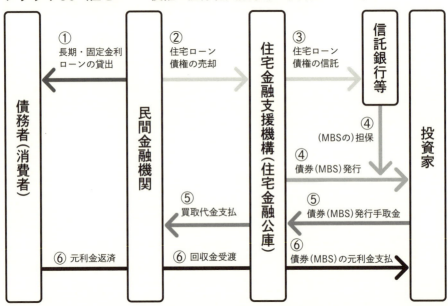

※ MBS（Mortgage Backed Security）＝住宅ローンを担保とした資産担保証券のこと
※ 信託＝「信頼して託する」という意味で、信頼できる人や会社にお金や土地などの財産の運用や管理、または処分を委託すること

解説
日本で初の住宅ローンの証券化プロジェクトとして始まったのが、この「買取型スキーム」です。住宅金融支援機構（旧住宅金融公庫）が決めた規定に合致する民間金融機関の融資した住宅ローン債権を住宅金融支援機構が買取り、信託をしたうえで担保として債権の発行を実施する買取方式の証券化です。

①住宅性能評価や収入基準等の貸出要件を満たした場合に、民間金融機関は住宅ローンを貸出します（最長35年で金利は全期間固定です）。

②民間金融機関は、貸出した住宅ローン債権を住宅金融支援機構に売却します。

③住宅金融支援機構は、その住宅ローン債権を信託銀行等に担保として信託します。

④住宅金融支援機構は投資家向けに債券を発行します。

⑤住宅金融支援機構は投資家より債券の発行代金を受取り、それを原資に民間金融機関へ住宅ローン債権の買取代金を支払います。

⑥民間金融機関は、貸出した住宅ローン債権の管理・回収業務の受託者（サービサー）として債務者（消費者）から元利金の返済を受けます。そしてその資金を住宅金融支援機構へ引き渡します。住宅金融支援機構は発行した債券の買手である投資家に元利金を支払います。

2-3 「フラット35の商品概要」

対象者	・申込時の年齢が満70歳未満の方（親子リレー返済を利用される場合は、満70歳以上の方もお申込み可能） ・日本国籍の方、永住許可を受けている方または特別永住者の方 ・年収に占めるすべての借入れ（フラット35を含む）の年間合計返済額の割合（＝総返済負担率）が、次の基準を満たしている方 | 年収 | 400万円未満 | 400万円以上 | | --- | --- | --- | | 基準 | 30％以下 | 35％以下 | ※収入を合算できる場合もあります ※すべての借入れとは、フラット35の他、フラット35以外の住宅ローン、自動車ローン、教育ローン、カードローン（クレジットカード分割払いやリボ払いによる購入を含む）等の借入をいいます。（収入合算者の分を含む） ・借入れの対象となる住宅およびその敷地を共有する場合は、申込者本人が共有部分を持つこと等の条件があります。 （注1）年収については、原則として、申込年度の前年の収入を証する公的証明書に記載された金額となります。なお公的証明書に記載された金額とは、次のとおりです。 　① 給与収入のみの方は、給与収入金額 　② ①以外の方は、所得金額 　　　（事業所得、不動産所得、利子所得、配当所得および給与所得のそれぞれの所得金額の合計額） （注2）申込みされる方は、連帯債務者になる方を含めて2名までとする必要があります。 （注3）住宅に設置する太陽光発電設備から得られる売電収入額を年間収入額に加算できる場合があります。
使途	・申込み本人またはご親族がお住まいになるための新築住宅の建設・購入資金、または中古住宅の購入資金 ・居住している住宅のローン借換え

対象物件	共通	・住宅金融支援機構が定めた技術基準に適合している 　住宅基準の適合にあたっては、検査機関または適合 　証明技術者（中古住宅のみ）が発行する適合証明書 　の交付が必要です。 ・住宅の床面積（上限はありません） 　一戸建て、重ね建て、連続建て住宅の場合：70m² 　以上 　共同住宅（マンションなど）の場合：30m²以上 ・店舗や事務所と併用した住宅の場合、住宅部分の床 　面積が全体の1/2以上あること ・敷地面積の要件はありません
	新築	・建設費（建設に付随して取得した土地の購入費も含 　められます）、または購入価額が1億円以下（消費 　税を含む） ・申込み時点において竣工から2年以内の住宅で人が 　住んだことがない住宅
	中古	・購入価額が1億円以下（消費税を含む） ・申込み時点において、竣工から2年を超えている住 　宅または既に人が住んだことのある住宅 ※建築確認日が昭和56年5月31日（建築確認日が確認できない場合に 　あっては、新築年月日（表示登記における新築時期）が昭和58年3 　月31日）以前の場合、機構の定める耐震評価基準等に適合している 　ことを確認する必要があります。
融資額		・100万円以上8,000万円以下（1万円単位）で、建設費また は購入価額（非住宅部分に関するものを除く）以内 ※店舗、事務所棟の非住宅部分は借入対象外
返済期間		15年（ただし、申込者本人または連帯債務者の年齢が満60歳 以上の場合は10年）以上、かつ、次の1または2のいずれか 短い年数（1年単位）が上限となります。 1．「80歳」－「申込時の年齢（1歳未満切上げ）」 ※年収の50％を超えて合算した収入合算者がいる場合には、申込者本人と収入 　合算者のうちいずれか、年齢の高い方を基準とします。 ※親子リレー返済を利用される場合は、後継者の方が収入合算者となるかどうか 　にかかわらず、後継者の方の年齢を基準とします。 2．35年 （注）借入期間が15年（ただし、申込者本人または連帯債務者の年齢が満60歳以 　　上の場合は10年）より短くなる場合は、借入れの対象となりません。 （注）20年以下の借入期間を選択された場合、原則としてご返済の途中で借入期 　　間を21年以上に変更することはできません

金利	・全期間固定金利 ・借入期間（20年以下・21年以上）、融資率（9割以下・9割超）に応じて、借入金利が異なります。 ※融資率」とは、次の式により算出します。 $$融資率 = \frac{【フラット35】のお借入額}{住宅の建設費または購入価額}$$ （土地取得費がある場合はその費用を含みます。） ※借入金利は、取扱金融機関によって異なります。 ※申込時ではなく、資金の受取時の金利が適用されます。 ※取扱金融機関によっては、借入期間や融資率にかかわらず、借入金利が同一の場合があります。 注）資金の受取日は、取扱金融機関が定める日となります。
返済方法	元利均等毎月払いまたは元金均等毎月払い ※6か月ごとのボーナス払い（借入金額の40％以内（1万円単位））も併用できます
担保	借入れの対象となる住宅およびその敷地に、住宅金融支援機構を抵当権者とする第1順位の抵当権を設定する必要があります。 (注）抵当権の設定費用（登録免許税、司法書士報酬等）は申込者負担となります。
保証人	不要
団体信用 生命保険	・2017年10月申込受付分から、「新機構団信」が開始されました。 ※平成29年9月30日までに【フラット35】をお申込みの方は保障内容などが異なります。 ・【フラット35】の団体信用生命保険には、新機構団信と新3大疾病付機構団信の2つがあります。 ・ご加入者が死亡・所定の身体障害状態になられた場合[※1]などに、住宅の持ち分、返済割合などにかかわらず、以後の【フラット35】の債務の返済が不要となる生命保険です。 ※注1 新3大疾病付機構団信は、死亡・所定の身体障害状態に加え、3大疾病が原因で一定の要件に該当した場合および公的介護保険制度に定める要介護2から要介護5までのいずれかの状態などになられた場合も残りの返済が不要となります。 ・住宅金融支援機構が保険契約者・保険金受取人となり、申込者（団体信用生命保険のご加入者）が被保険者となり、支払われた保険金[※2]が債務の返済に充当される仕組みです。 ※注2 死亡保険金、身体障害保険金、3大疾病保険金および介護保険金をいいます。

団体信用生命保険	・フラット35のご利用者（債務者）が2人いる場合（親子リレー返済の場合を含みます）は、どちらか1人がご加入いただけます（ご夫婦で連帯債務の場合は、2人で加入いただける「デュエット」（夫婦連生団信）をご利用できます。）。「デュエット」をご利用いただくとどちらかが万一の時、住宅金融支援機構に支払われる保険金が債務に充当されるため、ご夫婦の住宅の持分、返済割合などにかかわらず、以後のフラット35の債務の返済が不要となります。「デュエット」をご利用できるご夫婦には、戸籍上の夫婦のほか、婚約関係にある方または内縁関係にある方を含みます。 ・新3大疾病付機構団信では「デュエット」をご利用いただけません。 ・ご加入いただいた後に「デュエット」から新機構団信または新3大疾病付機構団信への変更はできません。 ・健康上の理由その他の事情で団体信用生命保険に加入されない場合も【フラット35】をご利用いただけます。
火災保険	・返済終了までの間、借入れの対象となる住宅については、火災保険（任意の火災保険または法律の規定による火災共済をいいます。以下同じ。）に加入必須です。 ・建物の火災による損害を補償対象とします。 ・保険金額は、借入額以上(※1)とします。 ・保険期間、火災保険料の払込方法及び火災保険金請求権への質権設定(※2)の取扱いは、取扱金融機関によって異なります。 ※1．借入額が保険会社の定める評価基準により算出した金額（評価額）を超える場合は、評価額とします。 ※2．火災保険金請求権に質権を設定した場合の保険金は、建物所有者ではなく、住宅金融支援機構に対して保険会社から優先的に支払われることになります。 （注）火災保険料は、申込者負担となります （注）火災保険に関する要件はお申込みの取扱金融機関にご確認ください。
融資手数料・物件検査手数料	・融資手数料は取扱金融機関によって異なります。（定額（3～5万円）としている金融機関や定率（融資額×2.1％等）としている金融機関などがあります。） ・物件検査手数料は、検査機関または適合証明技術者によって異なります。 （注）融資手数料・物件検査手数料は、申込者負担となります。
保証料・繰上返済手数料	不要 ※一部繰上返済の場合、繰上返済日は毎月の返済日となります。また、返済金額はご返済中のお客さま向けインターネットサービス「住・My Note」の場合は10万円以上、金融機関窓口の場合は100万円以上となります。

2-4 「保証料」

　新規借入れや借換えで必要な諸費用のうち、一番大きな比重を占めるのが**保証料**です。保証料は、金融機関を介して保証会社へ支払われます。
　ではこの保証料は何のための費用で、どのように支払うのでしょうか？

■ 保証会社とは

　保証会社とは、消費者（債務者）が金融機関から住宅ローンを借入れる際に、消費者と保証会社の契約（保証委託契約）により連帯保証人となる機関です。
　保証会社は連帯保証人になるにあたり消費者から保証料を請求し、担保を差し入れてもらいます。

■ 保証会社の種類

　保証会社には、大手銀行グループの保証会社から中小企業の保証会社やクレジットカード会社の保証会社などいくつかの種類があります。下記は金融機関と保証会社、審査基準の一般例です。

金融機関種類	利用する保証会社	審査
メガバンク	グループ会社の保証会社	やや厳しい
ネットバンク	保証会社なし：自社審査	厳しい
地方銀行	グループ会社の保証会社	やや厳しい
第二地銀	保証会社なし：自社審査 グループ会社の保証会社 共同設立の保証会社など	審査難易度それぞれ
信用金庫	外部の保証会社	通りやすい
信用組合	自社審査、または外部の保証会社	やや通りやすい

■ 保証会社の役割

　住宅ローンを借入れている方が何らかの理由で万が一返済が不可能になった場合に、保証会社が金融機関に対して債務を全額返済します。このことを「**代位弁済**」といいます。

　以降は、住宅ローン債務は金融機関から保証会社に移動したことになり、消費者は、保証会社に対して返済を続けることになります。保証会社へも債務が返済できない場合には、保証会社は担保として差し入れてもらっていた不動産を売却（または競売）することになります。

■ 保証料の支払方法

1. 外枠方式

　ローン実行時に、諸費用として一括で支払う方法と、借入額に組み込む方法があります。

　保証料は返済年数と借入額によって決まり、金額は銀行によって異なります。

例）A銀行の保証料一覧（元利均等）

借入期間	5年	10年	15年	20年	25年	30年	35年
融資金額100万円あたりの保証料(円)	4,580	8,544	11,982	14,834	17,254	19,137	20,614

　たとえば、借入額3,000万円、返済期間35年の場合、保証料は618,420

円となります。

20,614円（100万円あたりの保証料）×30＝618,420円

2. 内枠方式

実行金利に上乗せして払う方法です。一般的には0.2％上乗せする銀行が多いです。

例）借入額3,000万円、返済期間35年の場合（元利均等）

保証料	金利	月返済額	金利支払	返済総額
外枠	1％	¥84,685	¥5,567,461	¥35,567,461
内枠	1.2％	¥87,510	¥6,753,890	¥36,753,890

内枠方式にすると、将来的に支払う金利は外枠方式よりも1,186,429円高くなります。

保証料支払い総額としては、外枠方式の方がお得です。

■ 保証会社利用の注意点①

保証会社に住宅ローン債務を有料にて連帯保証してもらうことから、返済が不能になった場合には代わりに保証会社が債務の返済を履行して、返済の必要がなくなると勘違いする場合が多く見受けられます。借りている側にとっては、債務が金融機関から保証会社に移っただけで、状況はあまり変わらないというのが実態です。

■ 保証会社利用の注意点②

フラット35や、一部の銀行では保証料不要のところもあります。しかし、「**事務手数料**」が費用に含まれていることがあるので、注意が必要です。

保証料は借換え時の一括返済や、繰上げ返済の際に未経過分は返金されますが、手数料もかかります。

MEMO

2-5 「金利」

金利には、大きく分けて「**変動金利型**」と「**固定金利型**」の2つがあります。（詳細は各項目参照）
また、固定金利と変動金利を組み合わせたタイプ「**金利ミックスプラン**」もあります。

	メリット	デメリット
変動金利	当初の金利は他の金利タイプに比べ低いので低金利政策が継続した場合は有利です。	年8回ある日銀の政策決定会合で決まる無担保コール翌日物レートに連動して、6か月ごとに変動する可能性があります。
	「上限金利付変動金利型」という上限がついているタイプもありますが、現在はほとんど利用されていません。	
固定金利	金利が固定なので将来設計を立てやすく、経済状況の変化に関係ないので安心です。総返済額も固定されます。	当初の金利が変動金利型に比べ高い。数十年、低金利政策が続いた場合、変動金利型よりも多く支払うことになります。
固定金利選択型	一般に金利を固定できる期間は、2年・3年・5年・7年・10年などから選べることが多く、特に人気は「10年固定タイプ」。取扱い金融機関も多く、金利割引競争が激しいので金利が割安に設定されているため最初はお得です。	当初の固定期間が終了した際に固定か変動か選べますが、どちらを選択しても金利が上がるリスクがあります。
金利ミックス	各金利タイプを通常2種類選択し、ローンを振り分けるタイプ。金利を一つに絞れない場合に有効です。	2種類のローンを抱えるイメージになるので管理が面倒です。

■ 用語解説

店頭金利	市場の金利動向に合わせ、各金融機関が決める金利。通常は店頭金利が住宅ローンにそのまま適用されるケースは少ない。 ※その他の呼び方：基準金利、店頭表示金利、表面金利など
優遇金利	一定の条件を満たすことで適用される金利。現在は競争激化に伴い、条件を設定して実際貸し出す際の金利を低くする「優遇金利」が一般的になっています。 ※その他の呼び方：適用金利、借入金利、引下げ後金利、ご融資金利など
当初優遇	借入期間中の一定期間、最初の優遇幅が適用されます。優遇期間が終了した時点で、金利は所定の引き下げ幅に改められます。通期優遇と比較すると金利水準が低く、有利な条件で借入れ可能。 ただし、固定金利期間が過ぎたあと新たに適用される金利（引き下げ幅、優遇幅）がどの程度になるかによって、その後の返済額が大きく変わりますので注意が必要です。 ※その他の呼び方：固定金利特約、当初引下げ、当初固定など
通期優遇	借入期間中ずっと同じ優遇幅が適用され、借り入れ当初から完済までその幅は変わりません。 当初優遇と比較すると金利水準は高くなりますが、通期で金利が引き下げられるため、返済計画を立てやすいのが特徴です。 ※その他の呼び方：全期間引下げ、通期引下げ、全期間固定など

2-6 「変動金利①」

■ 変動金利の仕組み

| 短期プライムレート
1.375 + "0～"
※1.375以上の銀行もあり | ＋ | スプレッド
1 | － | 優遇幅 |

短期 プライムレート	1.375	短期プライムレートは、「短プラ」とも呼ばれ、金融機関が優良企業向け（業績が良い、財務状況が良いなど、融資する上で問題がない企業）に対して、短期（1年以内の期間）で貸出す時に適用する最優遇貸出金利（プライムレート）のことをいいます。一般に短期プライムレートは、全国的にはメガバンク（都市銀行）のレートが一つの基準となり、地方においては有力地銀のレートが一つの基準となります。 個人向けの変動金利型の住宅ローンや教育ローンなどの貸出金利も、本レートを基準（指標）に半年毎に利率の見直しが行われます。
	"0～"	この"0～"が変動する部分です‼ 無担保コール翌日物金利（日本経済新聞マーケット面に掲載） 日本銀行（日銀）の政策金利。物価を安定させるために日銀が調整しており、政策金利を踏まえて銀行は、半年ごと（毎年4月1日、10月1日）に利率の見直しをします。 ※参考：2017年時点は、0.1です。

スプレッド1	金融取引においては、二つの商品における「金利差」や「価格差」のことをいいます。 通常、株式にしても、債券にしても、コモディティ（商品）にしても、各銘柄の間には必ず価格差や利回り差などのスプレッドが発生しており、そこに一つの投資機会があり、これを利用した取引のことを「スプレッド取引」、また利回り差のことを「イールドスプレッド」などと言います。国債や金利の話で「スプレッド」と聞いた場合には、各国の国債や金利の差を1％の100分の1単位を用いて「bps(Basis Point Spread)」という単位で表したものを意味します。
優遇幅	"金利"項目参照

　変動金利型は、「経済状況に応じて金利が変動するので、金利上昇リスクがある」というのが一般的な考えですが、実際に変動するのは、短期プライムレートの政策金利"0〜"の部分のみです。

　短期プライムレート「1.375」と**スプレッド**「1」と**優遇幅**はローン実行開始から完済まで変動しません。

　では短期プライムレートは過去どのように推移してきたのでしょうか？

　別紙1970年から2015年までの主要銀行の変動金利（基準金利）と政策金利、所得、物価の推移表を見ると、1970年からバブルまでの期間で金利は大きく変動していますが、バブル崩壊後の1995年から現在までは政策金利が0％台であることがわかります。

　所得と物価に目を向けると、どちらも1970年から1995年にかけて約5倍に上昇しています。

　つまり所得と物価が上昇していた期間には、**日銀**は物価の安定のために金利を上げる必要がありましたが、所得と物価が上昇しない現在においては、政策金利を低く抑える必要があります。

■ 政策金利の変遷と所得・物価の推移

西暦	主要銀行における変動金利の基準金利	政策金利	所得（大卒初任給）	物価（新聞購読料）	備考
1970年	7.25%	4.875%	¥36,100	¥750	
1971年	6.5%	4.125%	¥41,400	¥900	
1972年	5.5%	3.125%	¥47,200	¥900	
1973年	6.25%	3.875%	¥55,600	¥1,100	
1974年	10.25%	7.875%	¥72,800	¥1,700	
1975年	7.75%	5.375%	¥80,500	¥1,700	
1976年	7.75%	5.375%	¥94,300	¥1,700	
1977年	5.5%	3.125%	¥101,000	¥1,700	
1978年	4.75%	2.375%	¥105,500	¥2,000	
1979年	7.5%	5.125%	¥109,500	¥2,000	
1980年	8.5%	6.125%	¥114,500	¥2,600	
1981年	7%	4.625%	¥120,800	¥2,600	
1982年	7%	4.625%	¥127,200	¥2,600	
1983年	6.5%	4.125%	¥132,200	¥2,600	
1984年	6.5%	4.125%	¥135,800	¥2,600	
1985年	6.5%	4.125%	¥140,000	¥2,600	
1986年	4.75%	2.375%	¥144,500	¥2,800	
1987年	4.375%	2%	¥148,200	¥2,800	
1988年	4.375%	2%	¥153,100	¥2,800	
1989年	6.75%	4.375%	¥160,900	¥2,800	日経平均最高値38,915円
1990年	9.25%	6.875%	¥169,900	¥3,250	バブル景気のピーク、総量規制導入
1991年	7.625%	5.25%	¥179,400	¥3,250	バブル崩壊が始まる
1992年	5.5%	3.125%	¥186,900	¥3,250	
1993年	4%	1.625%	¥190,300	¥3,850	
1994年	4%	1.625%	¥192,400	¥3,850	
1995年	2.625%	0.25%	¥194,200	¥3,850	
1996年	2.625%	0.25%	¥193,200	¥3,850	
1997年	2.625%	0.25%	¥193,900	¥3,850	山一證券破綻、景気ドン底
1998年	2.5%	0.125%	¥195,500	¥3,850	金融ビックバンスタート
1999年	2.375%	0%	¥196,600	¥3,850	史上初のゼロ金利導入
2000年	2.5%	0.125%	¥196,900	¥3,850	
2001年	2.375%	0%	¥198,300	¥3,850	
2002年	2.375%	0%	¥198,500	¥3,850	
2003年	2.375%	0%	¥201,300	¥3,850	日経平均が7,607円まで低下
2004年	2.375%	0%	¥198,300	¥3,925	
2005年	2.375%	0%	¥196,700	¥3,925	郵政選挙で自民党圧勝、人口減少が始まる
2006年	2.625%	0.25%	¥199,800	¥3,925	2002年からの景気拡大が過去最長を記録
2007年	2.875%	0.5%	¥198,800	¥3,925	
2008年	2.675%	0.3%	¥201,300	¥3,925	リーマンショック

西暦	主要銀行における変動金利の基準金利	政策金利	所得（大卒初任給）	物価（新聞購読料）	備考
2009年	2.475%	0.1%	¥201,400	¥3,925	再び景気低迷
2010年	2.475%	0.1%	¥200,300	¥3,925	
2011年	2.475%	0.1%	¥205,000	¥3,925	
2012年	2.475%	0.1%	¥201,800	¥3,925	
2013年	2.475%	0.1%	¥200,200	¥3,925	アベノミクス
2014年	2.475%	0.1%	¥202,900	¥3,925	
2015年	2.475%	0.1%	¥204,500	¥3,925	
2016年	2.475%	0.1%	¥205,900	¥4,037	
2017年	2.475%	0.1%	¥205,191	¥4,037	トランプ就任、借換えマスター協会設立
2018年	2.475%	0.1%		¥4,037	
2019年					
2020年					
2021年					
2022年					
2023年					
2024年					
2025年					
2026年					
2027年					
2028年					
2029年					
2030年					
2031年					
2032年					
2033年					
2034年					
2035年					
2036年					
2037年					
2038年					
2039年					
2040年					
2041年					
2042年					
2043年					
2044年					
2045年					
2046年					
2047年					
2048年					
2049年					
2050年					

Part 2 住宅ローン全般の基礎知識

2-7 「変動金利②」

■ 未払い利息と1.25倍ルール

　変動金利①で説明したように、変動金利は半年毎に見直しがあります。

　ただし、金利が見直しされても、月返済額は5年に一度の見直しとしているのが一般的です。5年間は返済額は変わらず、さらに5年後に変更される返済額も急激に上昇することがないよう、従前の1.25倍を超えないとしています。

　つまり変動金利型で、毎月10万円返済している人は、金利が見直しされても5年間の返済額は10万円のままで、5年後も12.5万円以上には上がらないということです。

　適用金利見直しの際に金利が上昇しているのに、返済額は変わらないということは、返済額の中に占める利息部分が多くなり、元金返済部分が少なくなるということになります。金利の状況によっては、計算上の利息が、毎回返済額を上回ってしまうことも考えられます。このとき、支払い切れなかった利息のことを「**未払い利息**」といいます。

　未払い利息が発生している期間は元金は全く減りません。また未払い利息が発生しなくても元金返済にまわされる金額が少なく、ほとんど元金が減らないこともあります。

　未払い利息分の清算の方法は、主に次のようになっています。

・分割で清算

　たとえば、1年間未払い利息が発生した場合に、翌年に12ヶ月間で分割して支払うという方法です。何回で支払うかなど分割期間等は、金融機関によって異なります。

・一括返済で清算

　返済中に生じた未払い利息を、完済時に一括して返済する方法です。未払い利息の総額が大きくなると、最終回での負担が大きくなります。

・未払い利息を優先して支払う

　返済予定表どおりの返済を続けていくが、元金・利息の支払いよりも優先して、まずは未払い利息分を優先して充てていく方法です。毎回の返済額に影響はありませんが、その分元金の減りがますます遅くなり、結果的には支払う利息額が増えることになります。

　一部の金融機関では、半年に一度金利を見直すたびに、返済額も変更するという仕組みをとっているところもあります。この場合には、返済額がアップするリスクはありますが、元金が全く減らないというような事態は免れることができます。

2-8 「固定金利」

新発10年国債利回りに連動して、各金融機関が金利を設定します。

　新発10年国債利回りとは、新規に発行された、償還期間10年の国債の流通利回りのことで、需要と供給という市場原理によって決定しています。
　これは日本の金融市場において、長期金利の代表的な指標となっており、日本経済新聞1面と、マーケット面に掲載されています。

全期間 固定金利	各金融機関が設定した適用金利が返済終了時まで続きます。代表的なものにフラット35があります。 通常すべての金利タイプの中で最も高利です。 毎月の返済額が一定なので、返済計画が立てやすく金利上昇時の利息負担増加リスクを未然に防ぐことができます。 30年以上の超長期に渡る契約である住宅ローンの場合、将来の返済額がすべて固まっている方が安心であると思いがちですが、実は「金利下降」というリスクも存在します。金利上昇を懸念する声が多く聞かれますが、経済は金利が上昇していれば、物価と所得も上昇するので、返済額の上昇にも対応できます。30年以上の長期間ですから、金利も物価や所得のように景気変動に応じて上下する可能性もあり、金利が下降することも起こりえます。金利が下降するということは、物価と所得も下降しますので、固定金利で返済額が変わらないことが大きな負担になるかもしれません。

固定金利 期間選択型	各金融機関毎に設定します。 期間1年～3年程度の場合、変動金利よりも低利の場合もあります。一定期間の金利を固定するもので、期限終了後は、その時点の金利で、再び金利タイプを選択する必要があります。 設定期間は各金融機関によって異なりますが、2年・3年・5年・7年・10年というのが多く、15年や20年というタイプもあります。 設定期間終了後は何もしなければ通常は変動金利型に移行します。金利タイプを期間途中で変更する場合は違約金が発生する場合があります。 〈2つの金利上昇リスク〉 ・キャンペーン金利終了にともなうリスク 多くの金融機関は、通常30年超の住宅ローンにおいて当初の2～3年の金利を固定金利で提供し、キャンペーンの名で優遇を与えています。その結果当初のみですが、金利が1％を下回る場合もあります。しかし、設定期間が終了すれば優遇はなくなります（最近は小幅な優遇措置をする場合も多い）。すると必然的に金利が上がります。つまり、毎月の返済額の上昇＝利息負担が上昇します。 ・市場金利の上昇によるリスク 固定期間選択型の場合は必ず期限が到来しますので、その度にその時勢における金利で金利タイプを選択する必要性があり、金利が下降している可能性もありますが、当然、上昇するというリスクが伴います。また、変動金利の場合は返済額見直し時の増幅が25％以内ということになっていますが、固定金利選択型の場合はその上限が無いために際限なく毎月の元利返済額が上昇するというリスクも内在しています。

2-9 返済方法

住宅ローンには2通りの返済方法があります。

元利均等返済

特徴	・毎月の元利（元金と利息）合計の返済額が一定です。 ・当初は利息の支払負担（割合）が多く、元金の返済割合が少ない仕組みです。 ・元金が減少するにつれて、利息の支払負担（割合）も減少します。
メリット	・基本的には毎月の返済額が一定なので、家計にとっては将来の計画が組み立てやすい。 ※金利の上下等によって返済額が変更する可能性もあるので、必ずしも一定とは言い切れません。
デメリット	・当初は利息支払の割合が多く元金がなかなか減少しないため、支払利息の負担は重い。

元金均等返済

特徴	・毎月返済する元金の額が一定で、利息は徐々に減少します。 ・以前はこの返済方式を取扱う金融機関は少なかったが近年は増加傾向にあります。
メリット	・元利金等返済と比較して元金の返済ペースが速いので、総利息支払額は少なくなります。
デメリット	・当初の返済額は元利金等返済と比較すると多いため、その負担があります。

元利均等返済と元金均等返済にはそれぞれメリットとデメリットがあり、どちらが良い（有利）かはそれぞれのニーズによりますので、断言はできません。
　ただし、結果的には元利均等返済方式を選択している人が多く、結果としてその選択は間違いではないと言えると思われます。以下は、元利均等返済と元金均等返済の支払利息等の比較です。

例）ローン金額3,000万円、金利1％、期間35年の場合　※ボーナス返済なし

返済方法	毎月返済額		総利息支払額	返済総額
元利均等	¥84,685		¥5,567,461	¥35,567,461
元金均等	初回月支払額 ¥96,325	最終月支払額 ¥71,488	¥5,264,117	¥35,264,117

例）ローン金額3,000万円、金利3％、期間35年の場合　※ボーナス返済なし

返済方法	毎月返済額		総利息支払額	返済総額
元利均等	¥115,455		¥18,489,740	¥48,489,740
元金均等	初回月支払額 ¥145,640	最終月支払額 ¥71,609	¥15,792,786	¥45,792,786

　上の表で明らかなように、元金均等返済は元利均等返済に比べて金利1％では約30万円、金利3％では約270万円の支払いが少なくなります。月々で言うと722円〜6,421円ほどです。
　総利息が減りますが、元金均等返済は当初の毎月返済額の負担が重くなりますので、一般の方にはあまり向いていません。もし、元金均等返済で対応できる資金的余裕があるのなら、その金額（元金均等返済の時の当初の毎月返済金額）で元利均等返済にしたほうが良いでしょう。なぜなら、そうすることにより期間が短縮され、下記表のように結果的に総利息支払額は少なくなるからです。

例）金利1％の場合）月返済額を元金均等の初回月の金額にして、元利均等にする場合

返済方法	毎月返済額	総利息支払い額	返済総額	返済年数
元利均等	¥96,491	¥4,736,565	¥34,736,565	30年

※結果的に総利息支払額は、527,552円減ります。35年が30年に短縮されるので、この96,491円を毎月貯蓄すれば、5年で5,789,460円となります。

例）金利3％の場合）月返済額を元金均等の初回月の金額にして、元利均等にする場合

返済方法	毎月返済額	総利息支払い額	返済総額	返済年数
元利均等	¥142,263	¥12,677,830	¥42,677,830	25年

※結果的に総利息支払額は、3,114,956円減ります。35年が25年に短縮されるので、この142,263円を毎月貯蓄すれば、10年で17,071,560円となります。

2-10 団体信用生命保険

　団体信用生命保険（通称「団信」といわれています）は、住宅ローン専用の生命保険のことです。

　住宅ローンの返済中に、借主（債務者）が死亡または高度障害になった場合、本人に代わって生命保険会社が、その時点の住宅ローン残高に相当する保険金を金融機関（債権者）に支払い、ローンが完済となる制度です。これによって残された家族は、万が一、借主が亡くなり、収入が断たれたとしても住宅ローンの返済をせずに家に住み続けることができます。金融機関にとっても貸し倒れリスクを回避できますので、住宅ローンの借入れには、団信加入を条件としているところがほとんどです。

　一般的に多くの金融機関では、団体信用生命保険の保険料は金利に組込まれていますので、別途保険料を支払う必要はありません。しかし一部の金融機関やフラット35は団体信用生命保険の加入が任意になりますので、加入を希望する方は、別途保険料の支払いが必要です。

＊平成29年10月1日よりフラット35は団信料込みになりました。

　通常の団体信用生命保険に加え、**三大疾病保障付保険、七大疾病保障付保険、八大疾病保障付保険**などもあります。

※三大・七大・八大疾病保障付団信の詳細は別項目参照

	団体信用生命保険	三大疾病保障付団信	七大疾病保障付団信 八大疾病保障付団信
保険料	保険料の支払い不要	住宅ローン金利に0.2〜0.3%上乗せ　※金融機関による	年齢・ローン残高・借入内容により別途保険料の負担
補償内容	死亡・高度障害(*)	死亡・高度障害(*) ＋ がん・脳卒中・急性心筋梗塞	死亡・高度障害(*) ＋ がん・脳卒中・急性心筋梗塞 高血圧疾患・糖尿病・慢性腎不全 肝硬変（慢性膵炎）

〈引受生命保険会社〉

　団体信用生命保険は、借主（債務者）が金融機関を通して申込み、各金融機関がそれぞれ引受先の生命保険会社に申込みをします。もしも一つの金融機関で団信の審査が通らなかったからと、別の金融機関で再度住宅ローンと団信を申込むとしても、引受先の生命保険会社が同じであれば、結果は同じですので、各金融機関のHPなどから引受先の生命保険会社も確認しておくとよいでしょう。

〈生命保険の見直し〉

　団信に加入するということは、加入する生命保険が増えるということになりますので、すでに生命保険に加入しているという人は保障が重複してしまうこともあります。今までの保障額に住宅費分が含まれているなら、保険の見直しをお勧めします。注意点としては、住宅ローンがなくなっても固定資産税や管理費、修繕積立金、メンテナンス費用はその後も必要になるので、万が一の時に残された家族の生涯の生活費も含め、どのくらいの保障が必要か試算してみましょう。

〈生命保険料控除対象外〉

　団信の契約者と保険金の受取人は、借主ではなく金融機関となりますので、生命保険料控除の対象にはなりません。

〈加入時期〉

　一般的に、団信に返済途中から加入することや脱退した後に再加入することはできません

〈借換え〉
　借換えの対象となる住宅ローンについて団体信用生命保険に加入されている場合、その保障は住宅ローンの借換えにより終了するので、借換え先の住宅ローンで改めて加入の申込みが必要です。現在の健康状態によっては、団信に加入できず借換えできないこともあるので注意が必要です。

〈高度障害(*)状態と診断されるもの〉
　1．両眼の視力を全く永久に失ったもの
　2．言語またはそしゃくの機能を全く永久に失ったもの
　3．中枢神経系・精神または胸腹部臓器に著しい障害を残し、終身常に介護を要するもの
　4．両上肢とも手関節以上で失ったかまたはその用を全く永久に失ったもの
　5．両下肢とも足関節以上で失ったかまたはその用を全く永久に失ったもの
　6．上肢を手関節以上で失い、かつ、1下肢を足関節以上で失ったか、またはその用を全く永久に失ったもの
　7．上肢の用を全く永久に失い、かつ、1下肢を足関節以上で失ったもの

高度障害に該当する状態

両目の視力を永久に喪失した状態

永久言語またはそしゃくの機能を永久に喪失した状態

中枢神経系・精神または胸腹部に著しい障害を残し、終身常に介護を要する状態

両腕とも手関節以上で失ったか、その運動機能を永久に喪失した状態

両足とも足関節以上で失ったか、その運動機能を永久に喪失した状態

片腕を手関節以上で失い、かつ、片足を足関節以上で失った状態

片腕を手関節以上で失い、かつ、片足の会運動機能を永久に喪失した状態

片腕の運動機能を永久に喪失しかつ、片足を足関節以上で失った状態

2-11 「ワイド団信」

　団信も生命保険ですから、加入する際には健康状態を告知する必要があります。一般の生命保険と比べて告知の項目は少ないですが、健康状態に問題があり、加入できない場合は住宅ローンの借入れができない可能性もあります。

　一般の生命保険には引受緩和型といって、健康状態での保険の引受け範囲を広げているものがあります。健康体や通常の生命保険に比べると保険料は割高になりますが、通常の生命保険には加入できないが保障を確保したいという方には役立っている保険です。

　団信にもこの引受緩和型があり、一般的には「**ワイド団信**」と呼ばれています。糖尿病、高血圧症、肝機能障害など健康上の理由で通常の団信に通らない場合でも、加入条件が緩和されたワイド団信で受けてもらえる可能性があるので、通常の団信に通らなかった場合の一つの方法として、このワイド団信付の住宅ローンの加入があります。

　告知項目は、通常の団信とほぼ同じで、「3か月以内に医師の診察を受けていないか」、「3年以内に2週間以上の治療はないか」、「障害はないか」というような内容です。このくらいなら加入できる、という明確なラインは明らかにはなっておらず、加入者の年齢・性別・症状・治療歴等の詳細を記入した申込書兼告知書の内容等にもとづき、保険会社が審査します。そのため同じ病名の方であっても、加入できる場合と加入できない場合がありますが、引受範囲を広くしているという点で、通りやすいものと考えられます。

下記はイオン銀行HPより抜粋した過去の引受症例です。

> 糖尿病、脂質異常症（高脂血症・高コレステロール血症）狭心症、心筋梗塞、不整脈、高血圧症、脳卒中（脳梗塞・脳出血・くも膜下出血）、てんかん、うつ病、自律神経失調症、神経症、潰瘍性大腸炎、逆流性食道炎、胃潰瘍、十二指腸潰瘍、大腸ポリープ、肝機能障害、胆石、ウイルス肝炎（B型肝炎・C型肝炎）、胆嚢ポリープ、喘息、気管支炎、肺炎、結核、睡眠時無呼吸症候群、緑内障、白内障、甲状腺機能低下症、リウマチ性疾患、貧血、赤血球・白血球の数値異常、子宮筋腫、子宮内膜炎など

　団信の保険料は、通常銀行の負担ですが、ワイド団信付き住宅ローンの場合には、適用される住宅ローンの金利が、通常よりも0.2～0.3％高くなります。また、申込みできる年齢の範囲がありますので注意が必要です。

　ワイド団信はメガバンクをはじめ、一部の地方銀行、ネット銀行でも取り扱われています。しかし病歴があるからといって、通常の団信に通らないとは限りません。一般の団信とワイド団信では引受会社が異なるので、再度の申込が必要にはなりますが、まずは通常の団信に申込み、診査が通らなかった場合にこのワイド団信に申込みするという手順が良いでしょう。

2-12 「三大、七大、八大疾病保障付団信」

　通常の団信では死亡や高度障害以外に返済能力を失うことは、保障の対象外としています。そのため、がんなどの病気になった場合にも保険金が支払われる三大疾病保障付団信、七大疾病保障付団信、八大疾病保障付団信など保障範囲を広げた商品もあります。

　下記は保証される病気の一般例です。

病　名	通常団信	三大疾病付	七大疾病付	八大疾病付
死亡・高度障害	○	○	○	○
がん・脳卒中・心筋梗塞		○	○	○
高血圧疾患・糖尿病 慢性腎不全・肝硬変			○	○
慢性膵炎				○

　長期の治療中に高額の治療費に加えて住宅ローンの返済負担がかかることを考えれば、保険料が高くなるとしても特約つきの団信に加入する意義は十分にあります。通常の団信の保険料は金利に組込まれていますが、特約付団信の保険料は金利0.2〜0.3％程度の上乗せのもの、月額で支払うものなど、金融機関によって異なりますが、ほとんどの場合は借主（債務者）負担となります。

　また保険金支払いについては、所定の状態になったらすぐに保険金が支払われ、住宅ローンの残高が清算されるもの、一定期間は毎月の支払額が支払われ、その状態が続いた場合にローン残高が清算されるものなど、金融機関によって支払われ方も異なるので確認が必要です。

下記は一般的な保険金が支払事由です。

※引受保険会社によって異なる場合があります。

がん	・特約の責任開始日以後、生まれて初めて「がん」と診断確定されたとき支払われます。 ・申込日以前に「がん」に罹患したことのある方は加入できません。 ・保障開始日からその日を含めて90日以内に所定の悪性新生物と診断確定されたとき、また、保障開始日からその日を含めて90日以内に診断確定された所定の悪性新生物の再発・転移等と認められるときは支払い対象となりません。 ・「上皮内がん」「皮膚の悪性黒色腫以外の皮膚がん」は、支払い対象となりません。
急性心筋梗塞	・急性心筋梗塞を発病し、その疾病により初めて医師の診療を受けた日からその日を含めて60日以上、労働の制限を必要とする状態が継続したと医師によって診断されたときに支払われます。 ・急性心筋梗塞を発病し、その疾病の治療を直接の目的として所定の手術（※）を受けたときに支払われます。
脳卒中	・脳卒中を発病し、その疾病により初めて医師の診療を受けた日からその日を含めて60日以上、言語障害、運動失調、麻痺等の他覚的な神経学的後遺症が継続したと医師によって診断されたときに支払われます。 ・脳卒中を発病し、その疾病の治療を直接の目的として所定の手術（※）を受けたときに支払われます。

※所定の手術とは、治療を直接の目的として、器具を用い、生体に切断、摘除などの操作を加えるものであり、かつ、次の①〜④に該当するものを指します（吸引、穿刺などの処置および神経ブロックは除きます）。
①開頭術　②開胸術　③ファイバースコープ手術　④血管・バスケットカテーテル手術

高血圧疾患・糖尿病・慢性腎不全・肝硬変・慢性膵炎	七大疾病保障付、八大疾病保障付の重度疾病長期入院時保障保険金は、被保険者が次のすべてを満たす入院をし、その入院日数が継続して180日以上となるときに支払われます。 ①責任開始日以降に発病した重度疾病（糖尿病・高血圧性疾患・慢性腎不全・肝疾患・慢性膵炎）を直接の原因とする保険期間中の入院であること ②治療を目的とした入院であること ③病院または診療所での入院であること

Part 2　住宅ローン全般の基礎知識

2-13 「リフォーム費用について」

　住宅ローン借換えの実行と同時に家のリフォームをおこない、リフォーム費用を住宅ローン借換えの借入金に組込むという方法は、実質ゼロ円でリフォームできる大変有効な方法といえます。

　しかし、すべての金融機関がリフォーム費用を借入額に組込めるわけではありません。また、借入限度額を超えての借入れはできないことや、その他の事情等で借換えに伴うゼロ円リフォームの活用が難しい方には以下のいくつかの方法があります。

1.現金一括払い
　十分な貯金があれば、利息もかからないので現金一括払いが一番有効です。ただし、手元資金が少なくなるリスクも認識が必要です。

2.火災保険の見直し
　一般的な火災保険商品では、火災以外にも「雪災・風災・雹（ひょう）災」「水濡れ」「盗難」「水災」「破損・汚損等」の災害や損害も補償するかどうか選択できたり、特約で追加することができます。
　もしもリフォームしたいと思う箇所の原因が、上記いずれかの損害に該当する場合には、火災保険の保険金でリフォームすることが可能な場合があります。
　自分の火災保険の補償内容を確認し、損害の原因を業者に確かめてみるとよいでしょう。
　ただし経年劣化等、保険ではカバーされない内容もありますので、保

険金請求については各保険会社の約款に従ってください。
　○例）大雪が原因で、カーポートの屋根が凹んでしまった。
　×例）窓を開けっぱなしで出かけてしまい、急な雷雨で居間の壁紙が損傷してしまった。

3.総合口座当座貸越

　個人がお金を借りる場合によく利用されるのは、キャッシング（カードローン）ですが、審査もあり、金利が高く設定されているのが一般的です。そこで審査もなく、すぐに現金利用できる方法の一つとして、「当座貸越」があります。

　普通預金の残高が一時的に不足した場合、残高を超えて現金を引き出すことができます。

　その場合には普通預金の残高がマイナス表記となり、これを当座貸越と言います。

〈担保〉

　総合口座の定期預金、貯蓄預金や公共債を担保として貸出しする制度ですので、定期預金や貯蓄預金を総合口座に預け入れしている方が利用できます。

〈金利〉

　各金融機関によって異なりますが、一般的には定期預金の金利に0.5％を上乗せするケースが多くあります。

　例えば定期預金金利が0.2％であれば、当座貸越は年利0.7％で利用できることになります。

　近年の定期預金の金利は低い傾向にあるので、キャッシングやカードローンに比べると有利な条件での借入れが可能です。

〈借入限度額〉

　各金融機関によって違いがあります。

　定期預金額の90％まで、上限200万円〜500万円

　公共債は額面の60〜80％まで、上限200万円と設定されているところが多いです。

　定期預金と公共債の両方を利用していた場合は、両方を担保に入れる

ことも可能ですので、最高で400万円まで借入れることができます。
〈返済方法〉
　普通預金に入金することで、マイナス表記だった残高の値が減っていき、返済が終了するとプラスに転じます。
〈利息について〉
　預金と同じく、年2回のペースでつきます。つまり借入れている間は、半年に1回利息が加算されることになります。利息は日数に対してかかってくるので、早く返済すればするほど利息の金額は少なくてすみます。

4.生命保険の契約者貸付
　契約している生命保険の解約返戻金を担保に、生命保険会社からお金を借りる制度のことです。
　借りられる金額は通常、解約返戻金額の70～90％の範囲内となっており、保険会社や生命保険の種類によって異なります。
　契約者貸付を受けられるのは「契約者」本人だけであり、手続きには所定の書類の提出が必要になります。
　お金を借りることになりますので、借りたお金を返済するだけでなく利子分も返済する必要があります。
　貸付利率は生命保険契約の時期などにより違いがありますが、通常は契約した生命保険の予定利率に1～2％を上乗せした程度に設定されていることが多いようです。よってバブル期など利率が高い時期に契約した保険商品だと金利も高くなる可能性があります。
　近年では保険会社によって違いはありますが、平均2.75％～3％ほどのところが多いようです。

　契約者貸付を利用する場合には、以下の4点に注意が必要です。
　①借りたお金は複利で適用されます。
　契約者貸付とは保険会社からお金を借りることなので、貸付金には利率が設けられ、その利率が年利・複利で適用されます。
　例えば、3％の利率が適用されている貸付制度で、100万円の契約者

貸付を受けた場合、貸付金を1年間返済せずにいると、翌年には103万円になります。

その翌年には103万円の3％が付加され約106万円となり、さらにその次の年は110万円と、返済額は年々増加していきます。

②保険が失効してしまうことがあります。

契約者貸付は、解約払戻金の範囲内であれば何度でも貸付を受けることが可能です。ただし借りっぱなしで返済をしないでいると、返済額が解約払戻金の額を超えてしまうことがあります。その場合、保険そのものが失効してしまい、保険の効力がなくなってしまいます。

貸付金を返済すれば保険を復活させることはできますが、その時には返済額もかなり高額になっている可能性もありますので、契約者貸付を利用する場合はきちんとした返済計画を立ててから借りるようにしましょう。

③昔の利率の高い保険は金利も高い

バブル期に加入した保険は予定利率が5.5％など、現在の低金利では考えられない利率の高い保険商品がありました。

利率が高い保険は解約払戻金の額も多くなるので、保険としては良い商品といえますが、契約者貸付を受けるときには利率も高くなり、返済額が多くなる可能性もありますので注意が必要です。

契約者貸付を利用する前に返済額や貸付利率を必ず確認しましょう。

メリット	・利用方法が簡単。定期預金があれば審査なしで借入可能 ・借金をしているという感覚がない
デメリット	・担保（定期預金など）がないと利用できない ・定期預金を解約すれば利息はかからない

④祝金や満期金がある場合は返済額が差し引かれる

お金を借りてから返済しなかった場合、複利運用されることで返済額が大きくなります。

学資保険や養老保険など満期がある保険の場合は、祝金から返済額が差し引かれた額が給付金となります。

　例えば祝い金額が200万円で100万円の返済がある場合、100万円が祝い金として支給され、残り100万円は返済に充てられます。
　教育資金などのために貯めたお金であっても、返済額によって差し引かれた場合には、目的のために利用することができないということもありますので注意が必要です。

　契約者貸付の利用の流れは以下の通りです。
①契約者本人から保険会社へ連絡します。証券番号が必要になるので保険証券などを準備してから連絡をするとよいでしょう。
②保険会社から必要書類が送付されます。
③「契約者貸付申込書」を記入して保険会社に返送します。
④通常約一週間後に、保険会社からお金が振り込まれます。保険会社によっては専用のカードがあり、ATMなどで借りることもできます。

5. リフォームローン

　リフォームに使えるローンとしては、「住宅ローン」と「リフォームローン」の2種類があります。
　大がかりなリフォームの場合には、住宅ローンを利用することもあるかもしれませんが、担保が必要、審査が厳しいなどの条件があります。
　一般的なリフォームローンは、借入可能額は50万円〜500万円、返済期間は10年〜15年程度というケースが多く、無担保なので提出書類も少なく、審査も通りやすい、保証人不要などの特徴があります。
　ただし担保型の住宅ローンと比較すると、金利が高めに設定されています。

　住宅ローンと併用の場合やバリアフリーリフォームの場合に優遇金利が適用される金融機関もありますのでリフォームローンを利用する場合

には、各金融機関の商品を比べてみることをお勧めします。

2-14 「抵当権」

　抵当権とは、債権者（金融機関）が、自己の債権を確保することを目的に、債務者（消費者）の不動産などの権利に設定することができる権利で、法務局への「抵当権設定登記」が必要となります。

　抵当権は、登記の順に１番抵当権、２番抵当権といった具合に順位づけされ、先に登記をした順番で優先的にその土地を処分したお金から返済を受けることができるので、住宅ローンの場合は通常、債権者である金融機関が第一順位として抵当権を登記します。

　万一、債務者が債務不履行に陥った場合には、抵当権が実行され、債権者はその不動産を競売にかけるなどして得たお金を返済に充てることができます。

　抵当権が設定されても債務者から債権者へ担保となっている物の占有を移す必要がないため、所有権者（債務者）は抵当権を設定した物件を自由に利用・収益・処分ができ、住宅ローンの場合でもマイホームに住むことはもちろん、改築等もできます。

　抵当権設定手続は、新規で組む住宅ローンの場合には、銀行や住宅メーカーと提携している**司法書士**が行うことが一般的ですが、借換えの場合には司法書士を指定しない銀行もあります。

　借換えでは元の銀行の住宅ローン一括返済の際に「**抵当権設定登記を抹消**」することと、借換え先の銀行での「**抵当権設定登記**」が同時に必

要となりますので、基本的に司法書士にこの作業を依頼することになります。

抵当権を設定するときにかかる費用

登録免許税	登録免許税とは、法務局に抵当権設定登記をするときに、支払う税金のことです。 抵当権設定登記をする際の登録免許税は「借入金の0.4％」です。 たとえば3,000万円の借入の場合には、3,000万円×0.4％＝12万円を税金として国へ支払わなければなりません。 ただし一定の条件を満たすと、特例として「0.1％」が適用される場合がありますので、くわしくは国税庁のホームページで確認してください。 http://www.nta.go.jp/taxanswer/inshi/7191.htm 借換えでかかる抵当権抹消費用は、不動産1個につき1,000円です。
印紙代	抵当権設定契約書に貼り付ける印紙の代金です。 借入金が1,000万円以上5,000万円以下の場合、印紙代は2万円です
司法書士報酬	抵当権設定登記は、基本的に司法書士がおこないます。 費用は司法書士によってさまざまですが、10万円以内が平均です。 相談料や日当、交通費込みの場合と、別途請求される場合があるので注意しましょう。

　これらの抵当権設定にかかる費用も住宅ローンの借入金に組み込むことができます。

2-15 「連帯保証人(収入合算)」

　借金をする場合には「保証人が必要」というイメージがありますが、一戸建て住宅やマンションを単独名義で購入して住宅ローンの申し込みをし、収入合算などをしなくても借入額に見合う年収があって、審査結果に問題がなければ、原則として連帯保証人は不要です(一部の地銀や信金では連帯保証人が必要なところもあります)。その代わりに、ほとんどの金融機関では系列の信用保証会社による保証を条件として保証料を徴収しています。

　保証会社と保証料については「保証料」の項目を参照してください。

　ただし、下記の場合には、**連帯保証人**、または連帯債務者が必要とされることがあります。

・夫婦などで**収入合算**をする場合
・土地や建物が共有名義の場合
・**ペアローン**、**親子リレーローン**など複数の債務者形式となる場合
・親名義の土地に住宅を建てる場合(担保提供者が異なる場合)
・自営業者の場合
・借入額に対して年収が少ない、勤続年数が短いなど、審査の内容がよくない場合
・その他、審査の結果に応じて連帯保証人が必要と判断された場合

※連帯保証人が求められるケースでも、それに加えて保証会社の利用が必須となることもあります。

　ここでは収入合算して住宅ローンを組む方法として、連帯保証、連帯債務、ペアローンについて説明します。民間金融機関で収入合算を行う

場合、基本的に妻は連帯保証人となるか、ペアローンのいずれかを選択します（一部の金融機関では連帯債務が可能なところもあります）。
　フラット35は連帯債務となります。

	連帯保証		ペアローン		連帯債務	
ローン数	1本		2本		1本	
	夫	妻	夫	妻	夫	妻
名義	○	×	○	○	○	○
債務者	○	×	○	○	○	○
物件所有者	○	×	○	○	○	○
返済責任	債務者	連帯保証人 ※債務者が返済できない場合に返済責任を負う	債務者、かつ妻の連帯保証人	債務者、かつ夫の連帯保証人	主たる債務者 夫婦間の返済負担割合は、自由に決められる。	連帯債務者 ※同じ返済責任を負う
団信	○	×	○ 夫借入額分	○ 妻借入額分	○	△ フラット35にはデュエット（夫婦連生団信）という連帯債務者である夫婦2人が加入することができる制度（有料）があり、夫か妻のいずれかが死亡・高度障害に該当した場合、住宅ローンは保険金で完済される。
住宅ローン控除	○	×	○ 夫借入額分	○ 妻借入額分	○ 持分割合	○ 持分割合
注意点			＊住宅ローン借入金額の持分割合と物件の持分割合が等しくない場合、贈与とみなされ、贈与税が課税される可能性がある。たとえば、借入金額の持分割合が【2：1】に対し、物件の持分割合が【1：1】となっていると、一部の金額が夫から妻への贈与とみなされ、贈与税が課税される可能性がある。 ＊共有名義で不動産を持つ事になるため、夫だけの判断でその不動産の売却などはできない。			
デメリット	債権者（金融機関）の承諾がなければ連帯保証人を途中で辞めることはできない。別の連帯保証人を立てるなどで、債権者が認めた場合など外れることができることもあるが、条件はかなり厳しく難しい。		住宅ローン契約が2本になるため登記も2つ必要となる。抵当権設定登記の費用、司法書士報酬、印紙代などの諸費用が2倍になる。			

収入合算してローンを組んだ場合、下記のようなリスクがあります。

＊借換え
　収入合算で組んだ住宅ローンの借換えも不可能ではないですが、さまざまなデメリットやリスクが存在します。
①ペアローン→ペアローン
　ペアローンを利用している場合の借換えは、二つとも同時に借換えをしなければなりません。なぜなら金融機関側は、融資をする条件として第一順位の抵当権を設定することを要求しているからです。そのため、二つのローンをすべて完済させることができなければ、借換えをすることができないということになります。
　二人分の審査が必要となり、諸費用も倍かかります。
②ペアローン→単独ローン
　例えば今まで妻が正社員として働いていたが、子育てに専念するために退職し、共有名義から夫の単独名義に借換えたいと仮定します。妻の住宅ローンの残高が少なく、妻の預貯金で賄えるのであれば問題はないのですが、もしも残高が多く、借換えによってその妻の負担分をカバーしたとなると、妻のローン残高分の金銭を妻へ「贈与」したという形になり、金額によっては「贈与税」が発生します。贈与税が発生する額は年間110万円以上とされていますので、毎年その金額以内に分割して贈与することになります。収入合算では審査が通ったけれど、借入残高によっては、夫単独の収入では審査が通らないということもあり得ますので、容易ではないと言えます。

＊妻も返済責任を負う
　「収入合算する」ということは、銀行側が「妻の収入も返済のあてにする」ということを意味しています。つまり、なんらかの形で妻も返済責任を負う必要があります。夫のみの住宅ローンであれば、夫が返済できずに自己破産した場合などでも妻は関係がありませんが、収入合算の場合は、夫が自己破産した場合などは、妻が返済しなければなりません。もしも妻が育児などで仕事を辞めたり、収入がダウンしたりすると、返

済リスクのみが残ることになります。

＊離婚時にトラブルが発生しやすい

　夫だけの契約で住宅ローンを組むのであれば、所有権も夫100％、返済責任も夫100％ですから、離婚しても財産分与の部分だけを考慮することになります。しかし収入合算の場合には「離婚」したからといって単純に共有名義を離れる事はできません。戸籍から離れても、金融機関との契約はそのまま引き継がれますので、赤の他人になってもローンの返済はしなくてはならないのです。従って離婚する段階になったら共有名義のローンや不動産の持分をどうするか話し合い、どちらかに一本化することが決まったら、多くは「借換え」という選択肢になります。しかし夫婦2人の収入合算から、単独の収入での審査となりますので、融資額が減額される可能性が多くローン残高によっては現在の不動産を売却せざるを得ない状況にもなり得ます。

　このように、離婚時にトラブルに発展するケースも少なくありません。

　共有名義で住宅ローンを借りた以上、ローンが完済するまで共同で返済していくというのが、一番デメリットのないパターンと言えそうです。

2-16 「書類」

　住宅ローン契約や、借換えに伴う一連の手続のうち、一番面倒なのが書類提出です。一般的に金融機関は事務的に対応しますので、融通は一切きかないと思っておいたほうがよいでしょう。

　下記は、一般的に必要とされる書類一覧です。金融機関によって異なる場合があるので、実際に借入れする金融機関に確認しましょう。

> ● 印鑑の取扱いについて
> 印影は印鑑証明書と同様でなければ不可となります。欠けていたりする場合は手続が中断する場合もあります。すべての書類に印鑑が必要なわけではありませんが、「実印」で押印するのがよいでしょう。

記入書類	事前審査時	・住宅ローン事前審査申込書
	申込時	・住宅ローン借入申込書
		・住宅ローン保証委託申込書
		・個人情報の取扱いに関する同意書
		・団体信用生命保険申込書兼告知書
	契約調印時	・金銭消費貸借契約証書
		・抵当権設定契約証書
		・委任状（抵当権設定の為）
		・金利に関する特約書

Part 2 住宅ローン全般の基礎知識

		給与所得者	個人事業者	会社役員	入手先	取得時期
公的書類	・源泉徴収票	○	−	○	勤務先	直近分
	・住民税決定通知書	○	−	○	勤務先	(前年度分)
	・住民税課税証明書	○	−	○	市区町村役場	3か月以内
	・確定申告書(直近2−3年分)	−	○	−	税務署	直近2−3年分
	・所得税納税証明書(直近2−3年分)※発行手数料:1年分2,000円程度	−	○	−	税務署	
	・法人の決算書(直近2−3期分)	−	−	○	−	直近2−3期分
	・法人の確定申告書(直近2−3期分)	−	−	○	−	
	・法人税納税証明書	−	−	○	税務署	3か月以内
	・法人事業税納税証明書	−	−	○	都道府県税事務所	
	・本人確認書類(運転免許証等)	○	○	○		−
	・印鑑証明書	○	○	○	市区町村役場	3か月以内
	・住民票	○	○	○	市区町村役場	

		戸建て			マンション		入手先
		新築	建売	中古	新築	中古	
物件関係	・不動産登記簿謄本(土地)	○	○	○	−	○	法務局
	・不動産登記簿謄本(建物)	○	○	○	○	○	
	・地籍測量図、土地公図	○	○	○	○	○	
	・建物図面	○	○	○	−	−	
	・売買契約書(写)	−	○	○	○	○	不動産、建築業者等
	・重要事項説明書(写)	−	○	○	○	○	
	・工事請負契約書または見積書	○	−	−	−	−	
	・建築確認済証(写)	○	○	−	−	−	
	・住宅地図、チラシ、パンフレット	−	○	○	○	○	

		備考
その他	・仮換地図	仮換地の場合に必要
	・仮換地証明書	仮換地の場合に必要
	・履歴書	転職して間もない場合に必要なこともある
	・住宅ローン返済予定表	借換えの場合は必要
	・住宅ローン返済口座の通帳(写)	借換えの場合は必要(口座振替の場合) ※表紙コピーも忘れずに ※ない場合は、「取引明細書」(有料)を取り寄せる
	・給与明細	借換えの場合は必要(給与天引きの場合)

2-17 「信用情報」

　住宅ローンを申し込むと、金融機関は「信用情報」をもとに審査をします。

　個人信用情報というのは金融機関同士でローンサービス、クレジットカードなどの情報を共有する目的で作られた信用情報機関が管理している、金融サービスの利用情報のことです。カードローン、不動産担保ローン、自動車ローン、奨学金ローン、おまとめローン、クレジットカード、クレジットカードのキャッシング利用などすべてについて、信用情報機関に登録されています。

略称	正式名称	主な会員
KSC	全国銀行個人信用情報センター	銀行
CIC	株式会社シー・アイ・シー	割賦販売等のクレジット事業を営む企業、信販会社等
JICC	株式会社日本信用情報機構	貸金業、クレジット事業、リース事業、保証事業、金融機関事業等の与信事業を営む企業、消費者金融等

【CRIN（クリン）】
基本的にこれらの3社は多少情報の取得内容が異なりますが、CRIN（クリン）「CRedit Information Network」という情報ネットワークで、一定期間情報が共有され、センターおよび提携個人信用情報機関の会員は、各機関の延滞、代位弁済等の情報および本人申告情報の一部を相互に利用することができます。

　審査の基準は各金融機関や保証会社によって異なりますが、銀行や保証会社が避けたい顧客というのは、下記のような「貸し倒れリスクの高

い」方です。
- 返済遅延の回数が多い方　→　1年に2回以上の返済遅延
- 返済遅延の遅延期間が長い方　→　2か月を超える返済遅延
- 収入に対して借入件数が多い方　→　無担保ローンで4件以上の借入
- 収入に対して借入金額が多い方　→　収入の3分の1以上の借入
- 過去に返済ができずに保証会社が代位弁済（代わりに返済）を行っている方
- 過去に返済ができずに強制回収をされた方
- 過去に自己破産などで破産をした方
- 過去に債務整理（任意整理）などで返済事故を起こした方
- （借換えについては）元のローンで一度でも返済遅延があった方

　また、注意したいのは割賦販売方式の携帯電話本体料金です。端末0円で24か月契約で途中解約すると違約金が発生するタイプの携帯電話契約は、ローンの一種である割賦販売方式に該当するので信用情報に登録されます。

　個人信用情報での住宅ローン審査対策とは情報が消えるまで待つことです。

返済遅延が多い　→　最大2年の毎月の入金状況が毎月更新されるので返済遅延の月が消えるまで待つ
代位弁済・強制回収　→　取引情報が消えるまで5年待つ
債務整理・異動　→　取引情報が消えるまで5年待つ
自己破産・個人再生　→　官報情報が消えるまで10年待つ

　破産情報である債務整理方法のひとつ「自己破産」「個人再生」は官報にも掲載されてしまいます。そのため、「官報」の情報が消える10年という期間が必要になりますが、官報情報を取得するのは全国銀行個人信用情報センター「KSC」のみなので、保証会社が審査する場合で、かつCICまたはJICCだけに照会する場合であれば、5年経過後に住宅ローン審査に通る可能性もあります。

2-18
「繰上げ返済」

　繰上げ返済とは、ローンの元金返済分を前倒して（繰上げて）返済していくことをいいます。前倒しして元金を減らしたことにより、その分利息が減ります。これが繰上げ返済の効果です。繰上げ返済には、「期間短縮型」と「返済額軽減型」と呼ばれる2つの種類があります。

例）借入金：3,000万円、返済年数35年、金利2％、元利均等返済でローンを組んだ人が2年後（24回目の支払い後）に200万円の繰り上げ返済をするとしましょう。

※月返済額は千円以下四捨五入。その他は万円以下四捨五入。

	月返済額	ローン残額	支払い総利息	返済残年数
現在のローン	¥99,000	¥28,790,000	¥10,560,000	33年
①期間短縮型	¥99,000	¥26,790,000	¥8,860,000	30年
②返済額軽減型	¥92,000	¥26,790,000	¥9,830,000	33年

①期間短縮型
　月々の返済額をほぼ変えず、返済年数を3年減らし、将来的な利息支払いを約170万円節約できます。総返済額を効率的に減らし、早くローンを終わらせたい方向けです。

②返済額軽減型
　返済年数を変えずに、月々の返済額を約7,000円減らし、将来的な利息支払いを約73万円節約できます。将来の収入源に備えて毎月の返済額を減らしたいなど、家計のキャッシュフローを見直したい人向けです。

このように繰上げ返済では将来的な利息支払いを減らすことができます。

一般的によく利用されるのは「期間短縮型」ですが、繰上げ返済によって得をするのは返済が終わった時点であり、繰上げ返済を行った時点では、手元のお金が200万円減るだけということになります。「返済額軽減型」についても、月々の返済額は約7,000円減りますが、そもそも手元の200万円を使って、月返済額を減らしているというわけです。

家を買うタイミングは、結婚して子どもが生まれ、子どもの進学の時期と重なるという方が多いでしょう。これらのタイミングは、妻の産休、育休、時短勤務と重なり、場合によっては出産を機に仕事を辞めてしまうケースもありえます。つまり多くの家庭にとって住宅ローンの返済時期というのは収入が減って支出が増える時期と重なるわけです。そんな手元資金の少ない状況で、無理して繰上げ返済を急いでしまうと、いざという時の出費や子どもの教育費など本来優先したほうがいい支出や貯蓄に対応できなくなる可能性もあります。

繰上げ返済は1970年代ごろに住宅ローンを組んだ団塊世代の方にとっては、とても有効な方法でした。なぜなら高度経済成長で日本の平均給与や物価は、ローンを組んだ当初よりも3〜5倍くらい上がったため、月々の返済も繰上げ返済も余裕ですることができたからです。たとえば月給が5万円の時に、月返済2万円で700万円の住宅ローンを組んだ人の20年後の月給が20万円になっているとしたら、月々2万円の返済も繰上げ返済も余裕をもってできます。しかし現在の経済状況で、ローンを組んだ当初から数年後に大幅に給与アップするという人は少ないでしょう。このような理由からも繰上げ返済による効果を期待するよりも、借換えで低金利の住宅ローンに乗り換える方が、現代においては効果的な方法といえるのではないでしょうか。

あとがき

　住宅ローンの存在によって、消費者はマイホーム購入を実現し、関連業者は事業機会を得て、経済発展にも大きく寄与しています。本来ならば住宅ローン消費者は手厚く保護されるべきです。しかし約35年の超長期にわたって、消費者に対するメンテナンスやフォローアップはほとんど皆無であり、消費者は自分自身で情報を収集し判断し行動しなければならないという現状は「はじめに」でも述べたとおりです。本書では**消費者保護**とも言える消費者自身の知識武装を固める手助けとなるために、一般の消費者に分かりやすい表現と文体で住宅ローン借換えについて解説しました。

　消費者自身の知識武装と同時に求められるのは、供給サイドの公平性です。リスクのある金融商品を取り扱うには資格が必要なケースが多く、例えば生命保険であれば一般社団法人生命保険協会が認定する「生命保険募集人資格（一般、専門、応用、大学、変額）」、損害保険の場合は一般社団法人損害保険協会が認定する損害保険募集人資格があります。株式や投資信託、公社債等を扱うには日本証券業協会が認定する証券外務員資格（1級、2級）があります。ところが住宅ローンに関しては供給サイドの取扱者が取得すべき資格が無いというのが実態です。日々業務として住宅ローンを取り扱う銀行等の金融機関と、日々住宅販売の為に住宅ローンをあっせんする住宅販売業者には正しい情報提供とリスク説明等の強い責任が求められます。

　そこで我々は本書を執筆すると同時に、「住宅ローン借換えマスター協会」という住宅ローンの借換えに特化した専門家集団を養成する協会を立ち上げました。住宅ローン借換えマスター協会は、正当に選抜された住宅ローン借換えマスター有資格者を養成し、消費者のために、複雑化し高度化する住宅ローンの正しい知識と、激変する金融経済情勢に関する情報提供を約束し、消費者を保護する存在として社会的意義ある立

場となることを目的としています。"住宅ローン借換えマスター"は、借換え潜在需要者である600万世帯とも言われる消費者の味方となって住宅ローンの借換えをサポートし、借換えのアドバイスを実施しています。

住宅ローンの借換えをアドバイスするにあたって抑えておかなくてはならない重要なことは**「法令遵守（コンプライアンス）」**と**「消費者保護」**です。近年、この2つを重視しない組織は淘汰され続けています。当然、当協会も法令遵守と消費者保護を最重要視しております。

消費者保護については前述のとおりでありますが、法令順守についての立場も明確にしたいと思います。住宅ローンというのは金融機関からすると貸付行為という業になります。銀行であれば銀行法、ノンバンク（フラット35提供のモーゲージバンク含む）であれば貸金業法がその根拠法となります。住宅ローンの場合の貸付形態は「金銭消費貸借契約」になります。住宅ローン借換えマスターの有資格者が住宅ローン、つまり金銭消費貸借契約の「媒介＝あっせん＝仲介」を行うと有償、無償にかかわらず銀行法または貸金業法に抵触する恐れがあります。例外として、一般的に住宅購入時に住宅販売業者や提携FPなどが行う住宅ローンの媒介（あっせん、仲介含む）は住宅の販売に付随しているので銀行法及び貸金業法の適用除外となる見解が示されています（2004年6月、国土交通省『住宅供給業者を通じた住宅ローンの供給方策に関する調査研究会　最終報告書』）。住宅ローン借換えマスター有資格者は、会員規約においても明確に宣言し、けっして住宅ローン（金銭消費貸借契約）の媒介＝あっせん＝仲介は行いません。あくまで実施するのはコンサルティングやアドバイスといったもので、日本語で説明すると媒介＝あっせん＝仲介ではなく「助言」や「相談」といった行為になります。

この点が非常に重要で、住宅ローンの借換えのどちらか一方に銀行ローンがある場合（大多数が該当）、銀行法が根拠法となるため、住宅ローン（金銭消費貸借契約）の媒介＝あっせん＝仲介を行うのは銀行法管

轄の銀行本体か、その傘下の銀行代理店業者に限られます。しかしながら住宅ローンの借換えをサポートする企業体の多くは当然、銀行でも銀行代理店でもありません。それを覆い隠すために貸金業者登録で体裁を整えているというのが実情です。我々、一般社団法人住宅ローン借換えマスター協会は、法令順守を徹底し、貸金業者登録で誤魔化すのではなく、住宅ローン借換えマスター有資格者を住宅ローン（金銭消費貸借契約）の媒介＝あっせん＝仲介を対応できる存在として当局から認可を受けられるように働きかけていきます。

　住宅ローン借換えマスター協会は、「情報の偏在」「消費者保護の不在」という日本における住宅ローンの問題点を解決すべく生まれました。有資格者の高度な専門知識と経験と知識に基づく的確なアドバイス、更には消費者と直接対応することで常に頼れて寄り添える存在であること等、まさに複雑化し高度化する住宅ローンを取り巻く現在の環境下で必然として住宅ローン借換えマスターは存在し、社会性すら有しているといっても過言ではありません。

一般社団法人借換えマスター協会
理念

□複雑化し高度化する住宅ローン商品と金融経済情勢を踏まえ、消費者に住宅ローンの借換えにおいて正しい知識と適切なコンサルティングを提供し、家計及び社会経済の発展に貢献します。

□**情報の偏在**や顧客フォローという点で、住宅ローンの消費者保護は遅れており、その問題を解決するために、知識と経験をもった有資格者が消費者に適切に助言、相談対応をし、消費者保護を実現します。

□住宅ローン借換えマスター有資格者は、住宅ローンの借換えの専門家として独立した地位を確保し、本業との相乗効果として業務を遂行することで、消費者にとって常に有意義な存在であり続けます。

住宅ローン借換えマスター認定試験について

2018年8月1日からCBTコンピューター試験を導入します！
（試験申込開始は7月17日から）

受験の流れ【個人受験】

1. **ホームページよりお申込み**
   * 住宅ローン借換えマスター協会ホームページ
     (https://jkm.or.jp/)
   * CBT Solutions ホームページ (https://cbt-s.com/)

2. **受験料のお支払い**
   クレジット決済、コンビニ・ゆうちょ決済がご利用いただけます。

3. **テキストの購入**
   書店等で本書「住宅ローン借換えの教科書」をご購入ください。

4. **認定試験受験**
   日本全国200ヶ所CBTSテストセンターで受験可能。47都道府県各地に受験会場があるので、1年を通じてお好きな場所で受験可能です。

5. **試験合格**
   合格後、住宅ローン借換えマスター会員登録

10名以上の団体でお申込みの場合は、【団体割引】がございます（銀行振込のみ）。
詳しくは、住宅ローン借換えマスター協会ホームページをご覧ください。
https://jkm.or.jp/

試験難易度は、「住宅ローン借換えの教科書」を熟読いただければ合格できるレベルです。
目安勉強時間：10時間
合格基準：100点満点中、70点以上

一般社団法人　住宅ローン借換えマスター協会

あ

1.25倍ルール	100
一括返済手数料	56
イールドカーブコントロール	1
印紙税	56
内枠方式	92
親子リレーローン	124

か

借入可能額	29
借換えマスター協会	99
元金均等返済	105
元利均等返済	104
期間短縮型	132
金利ミックスプラン	94
繰上げ返済	132
CRIN（クリン）	130
KSC	130
固定金利型	94

さ

サービサー	85
サブプライムローン問題	2
三大疾病保障付保険	108,114
（株式会社）シー・アイ・シー	130
CIC	130
JICC	130
自営業	64
自営業者	64
士業	64
司法書士	122
司法書士報酬	56
事務手数料	56,92
住宅金融支援機構	85
住宅ローン控除	72
収入合算	124
上限金利付変動金利型	94
消費者保護	134
情報の偏在	137
職人（大工など）	64
諸費用	56
新機構団信	88
審査金利	29
新発10年国債利回り	102
スプレッド	97
全国銀行個人信用情報センター	130
外枠方式	91
ソーラーローン	40

た

代位弁済	91
短期プライムレート	96
団体信用生命保険	108

中小企業法人役員	64
通期優遇	95
抵当権	122
抵当権設定登記	122
抵当権設定登記を抹消	122
手数料	56
店頭金利	95
当初優遇	95
登録免許税（抵当権抹消）	56,123

な

七大疾病保障付保険	108,114
日銀	97
（株式会社）日本信用情報機構	130

は

八大疾病保障付保険	108,114
夫婦連生団信	125
フラット35	84
ペアローン	62,124
返済負担率	86
法人格を持たない個人商店	64
法令遵守（コンプライアンス）	135
保険外交員	64
保証会社	90
保証料	56,90
返済額軽減型	132
返済比率	29
変動金利型	94

ま

マイナス金利政策	1
未払い利息	100
無担保コール翌日物レート	94
戻し保証料	56

や

優遇金利	95
優遇幅	97

ら

リフォーム費用	42
リフォームローン	42
連帯保証人	124
ローン返済額for Excel	74

わ

ワイド団信	112

【著者紹介】

作：平山　健介（ひらやま　けんすけ）

一般社団法人住宅ローン借換えマスター協会顧問。
みずほ銀行を経て、住宅ローンコンサルタントとして活動。いままでの相談者数は1000名を超える。著書は『その住宅ローンちょっと待った！』（週刊住宅新聞社）等。メディアからの取材も多く、住宅ローンコンサルティング業界の第一人者。消費者保護やコンプライアンス、住宅ローンコンサルを通じた本業支援等を理念に掲げる協会に共鳴し、顧問に就任。

文：八木　真琴（やぎ　まこと）

一般社団法人住宅ローン借換えマスター協会事務局長。
キャリアは児童英語講師、海外での日本語講師、語学スクール勤務など語学関連が多い。2016年に自宅の住宅ローン見直しの際、共著者である平山と出会う。借換えについての有益なアドバイスを受けたことをきっかけに、住宅ローン借換えマスター協会設立に携わり、現在は運営をサポートしている。

監修：一般社団法人　住宅ローン借換えマスター協会

元銀行員と借換え専門のコンサルタントが書いた
住宅ローン借換えの教科書

2018年7月24日　初版発行　　©2018

著　者　平山健介
　　　　八木真琴
監　修　一般社団法人　住宅ローン借換えマスター協会
発行人　今井　修
印　刷　藤原印刷株式会社
発行所　プラチナ出版株式会社
　　　　〒104-0061　東京都中央区銀座1丁目13-1
　　　　ヒューリック銀座一丁目ビル7F
　　　　TEL03-3561-0200　FAX03-3562-8821
　　　　http://www.platinum-pub.co.jp
　　　　郵便振替　00170-6-767711（プラチナ出版株式会社）

落丁・乱丁はお取替えいたします。ISBN978-4-909357-21-2

住宅ローンのことなら…プラチナ出版の実用図書

元銀行員と現役ファイナンシャルプランナーが書いた
新訂 住宅ローンの教科書

好評発売中!!

加藤孝一・池上秀司●共著
A5判/296頁/定価：本体1,600円＋税

永年バンカーとしてその最前線で携わってきた元銀行マンと住宅展示場でに相談対応から接客手法を構築してきた現役FPのノウハウをあますことなく収載!!

目次

1時間目	住宅取得とは
2時間目	住宅ローンの商品概要
3時間目	申込み手続と審査
4時間目	コンサルティング　金利上昇不安の解消と返済プランの構築
5時間目	税金関連
6時間目	団体信用生命保険
7時間目	物件と金融機関の選び方
8時間目	住宅ローン計算方法

プラチナ出版
〒104-0061　東京都中央区銀座1-13-1 ヒューリック銀座一丁目ビル7F
TEL03-3561-0200　FAX03-3562-8821